Kolibri

Musikbuch 1/2

Herausgegeben von
Bettina Küntzel

Unter Mitarbeit von
Ulrike Meyerholz

Schroedel
westermann

Inhalt

Musik, Musik

Ich und die Musik 6
Musik in meiner Stadt 8
Mein Lieblingsinstrument 10
Ey DJ 11

Ich gehe zur Schule

Klingende Schulwege 12
Der Schulweg-Song 13
Im Klassenzimmer 14
Ja, so ein Zimmer 15
Das Namenslied 16
Wer hat die Kekse aus der Dose geklaut? 17
Alles aus Papier 18

So geht's: Klänge erfinden und zeichnen 19

Am Morgen

Morgenstimmung 20
Bruder Jakob 22
Der Begrüßungs-Rap 23

Das Wecklied 24
So geht's: Instrumente spielen 25

Kinder und andere Leute

Bei den Geistern ist was los! 26
Hundertzwei Gespensterchen 28

So geht's: Lieder und Geschichten verklanglichen 29
Das kleine Blau und das kleine Gelb – ein Klangspiel 30
Tumba, tumba 32
Șemmame – ein Reigentanz 33
1, 2, Polizei 34
Abzählreime 35

Von Trommel- und anderen Klängen

Orff-Instrumente 36
Wenn ich Trommel spielen kann 37
Ein Schlägel-Leben 38
Trommelbau 39
Der musikalische Wasserhahn 40
Gummibär 42
Gummibärchenmaschine 43
Sieben Indianerkinder 44
Hey Ungawa 45
Oma Nolte 46
Das schnelle Lied 47
Eine Erbse sagt zur andern 48
Ging ein Kind zum Brunnen 49

Tiere

Tierische Klänge und Bilder 50
Jeder Tag hat eine Farbe 51
Der große und der kleine Bär 52
Das Bärenorchester 53
Wie Tiere klingen 54

So geht's: Stimmtraining 55
Peter und der Wolf 56
Eine Geschichte
zum Hören und Spielen 58
Ballett der Küken in ihren Eierschalen 60
So geht's:
Musik in Bewegung umsetzen 61
Tanzlied der Fische 62
Im Ozean 63
Der Maulwurf 64
Der Regenwurm 66

Jahreszeiten und Feste

Es war eine Mutter 68
Schmetterlinge tanzen 69
Has, Has, Osterhas 70
Ein Osterlied selbst erfinden 71
Immer wieder kommt
ein neuer Frühling 72
Was spielst du im Sommer? 74
Sommerwetter – Rhythmical 75
Sieben kunterbunte Drachen 76
Wir tanzen im Winde 77
Der kleine Trommler 78
Joseph, lieber Joseph mein 79
Wisst ihr, was die Frösche
am Weihnachtsabend machen? 80
Eine musikalische Schlittenfahrt 82

Singspiel

Opa hat Geburtstag 84
Zu Hause 85
Der Geburtstag 86
Die Rechenkünstler 87
Die Schauspieltruppe 88
Die Fitness-Tänzer 89

Wer weiß Bescheid? 90

Wichtige Fachwörter 92

Quellenverzeichnis 95
Impressum

Anne

2 Aufgaben mit einer weißen Zahl können wir zusätzlich machen.

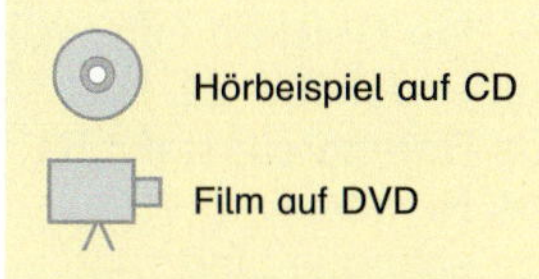

Hörbeispiel auf CD
Film auf DVD

- Kompetenzbereiche
- weiterführende Aktivität
- Information
- So-geht's-Seiten-Verweise
- Fachwörter

Inhalt

Alphabetisch / Lieder

Bruder Jakob 22
Das Bärenorchester 53
Das Namenslied 16
Das schnelle Lied 47
Das Wecklied 24
Der Begrüßungs-Rap 23
Der große und der kleine Bär 52
Der kleine Trommler 78
Der Maulwurf 64
Der musikalische Wasserhahn 40
Der Opa hat Geburtstag heut 86
Der Regenwurm 66
Der Schulweg-Song 13
Eine Erbse sagt zur andern 48
Ein Schlägel-Leben 38
1, 2, Polizei 34
Es war eine Mutter 68
Ey DJ 11
Ging ein Kind zum Brunnen 49
Gummibär 42
Has, Has, Osterhas 70
Hey Ungawa 45
Hundertzwei Gespensterchen 28
Immer wieder kommt ein neuer Frühling 72
Ja, so ein Zimmer 15
Jeder Tag hat eine Farbe 51
Joseph, lieber Joseph mein 79
Komm, wir spielen heut Theater 88
Oma Nolte 46
Rechenlied 87
Schmetterlinge tanzen 69
Sieben Indianerkinder 44
Sieben kunterbunte Drachen 76
Stampf mit deinen Füßen 89
Tumba, tumba 32
Wenn ich Trommel spielen kann 37
Wer hat die Kekse aus der Dose geklaut? 17
Wir tanzen im Winde 77
Wisst ihr, was die Frösche
am Weihnachtsabend machen? 80

Nach Kompetenzbereichen

Musizieren mit der Stimme

Abzählreime 35
Alles aus Papier 18
Bei den Geistern ist was los! 26
Bruder Jakob 22
Das Bärenorchester 53
Das Namenslied 16
Das schnelle Lied 47
Das Wecklied 24

Der Begrüßungs-Rap 23
Der große und der kleine Bär 52
Der kleine Trommler 78
Der Maulwurf 64
Der musikalische Wasserhahn 40
Der Opa hat Geburtstag heut 86
Der Regenwurm 66
Der Schulweg-Song 13
Ein Osterlied selbst erfinden 71
Eine Erbse sagt zur andern 48
1, 2, Polizei 34
Es war eine Mutter 68
Ey DJ 11
Ging ein Kind zum Brunnen 49
Gummibär 42
Gummibärchenmaschine 43
Has, Has, Osterhas 70
Hundertzwei Gespensterchen 28
Immer wieder kommt ein neuer Frühling 72
Ja, so ein Zimmer 15
Jeder Tag hat eine Farbe 51
Joseph, lieber Joseph mein 79
Klingende Schulwege 12
Komm, wir spielen heut Theater 88
Oma Nolte 46
Rechenlied 87
Schmetterlinge tanzen 69
Sieben Indianerkinder 44
Sieben kunterbunte Drachen 76
So geht's: Stimmtraining 55
Sommerlied 74
Stampf mit deinen Füßen 89
Tanzlied der Fische 62
Tierische Klänge und Bilder 50
Tumba, tumba 32
Wenn ich Trommel spielen kann 37
Wer hat die Kekse aus der Dose geklaut? 17
Wie Tiere klingen 54
Wir tanzen im Winde 77
Wisst ihr, was die Frösche
am Weihnachtsabend machen? 80

Musizieren mit Instrumenten

Abzählreime 35
Alles aus Papier 18
Bruder Jakob 22
Das Bärenorchester 53
Das kleine Blau und das kleine Gelb 30
Das Wecklied 24
Der große und der kleine Bär 52
Der Maulwurf 64
Eine Erbse sagt zur andern 48
Eine musikalische Schlittenfahrt 82
Ein Osterlied selbst erfinden 71
Ein Schlägel-Leben 38

1, 2, Polizei 34
Es war eine Mutter 68
Ging ein Kind zum Brunnen 49
Gummibär 42
Gummibärchenmaschine 43
Has, Has, Osterhas 70
Hey Ungawa 45
Hundertzwei Gespensterchen 28
Im Klassenzimmer 14
Im Ozean 63
Ja, so ein Zimmer 15
Orff-Instrumente 36
Sieben Indianerkinder 44
Sieben kunterbunte Drachen 76
So geht's: Instrumente spielen 25
So geht's: Klänge erfinden und zeichnen 19
So geht's: Lieder und Geschichten verklanglichen 29
Tierische Klänge und Bilder 50
Trommelbau 39
Tumba, tumba 32
Was spielst du im Sommer? 74
Wenn ich Trommel spielen kann 37
Wir tanzen im Winde 77
Wisst ihr, was die Frösche am Weihnachtsabend machen? 80

Musik in Tanz und Bewegung umsetzen

Ballett der Küken in ihren Eierschalen 60
Das Bärenorchester 53
Das Namenslied 16
Der Maulwurf 64
Der Schulweg-Song 13
Eine musikalische Schlittenfahrt 82
Ein Schlägel-Leben 38
Hey Ungawa 45
Im Klassenzimmer 14
Immer wieder kommt ein neuer Frühling 72
Ja, so ein Zimmer 15
Komm, wir spielen heut Theater 88
Morgenstimmung 20
Peter und der Wolf 56
Rechenlied 87
Schmetterlinge tanzen 69
Şemmame – ein Reigentanz 33
Sieben kunterbunte Drachen 76
So geht's:
Musik in Bewegung umsetzen 61
Sommerwetter – ein Rhythmical 75
Stampf mit deinen Füßen 89
Tanzlied der Fische 62
Was spielst du im Sommer? 74
Wer hat die Kekse aus der Dose geklaut? 17
Wir tanzen im Winde 77

Musik hören

Ballett der Küken in ihren Eierschalen 60
Bei den Geistern ist was los! 26
Der musikalische Wasserhahn 40
Eine Erbse sagt zur andern 48
1, 2, Polizei 34
Es war eine Mutter 68
Ging ein Kind zum Brunnen 49
Hey Ungawa 45
Ich und die Musik 6
Im Klassenzimmer 14
Im Ozean 63
Immer wieder kommt ein neuer Frühling 72
Jeder Tag hat eine Farbe 51
Klingende Schulwege 12
Morgenstimmung 20
Musik in meiner Stadt 8
Musikalische Schlittenfahrt 82
Oma Nolte 46
Peter und der Wolf 56
Şemmame – ein Reigentanz 33
Sieben Indianerkinder 44
Sieben kunterbunte Drachen 76
So geht's: Klänge erfinden und zeichnen 19
So geht's: Musik in Bewegung umsetzen 61
Tanzlied der Fische 62
Tierische Klänge und Bilder 50
Was spielst du im Sommer? 74
Wie Tiere klingen 54
Wisst ihr, was die Frösche am Weihnachtsabend machen? 80

Musik szenisch umsetzen

Das Bärenorchester 53
Das kleine Blau und das kleine Gelb 30
Das Wecklied 24
Der große und der kleine Bär 52
Der musikalische Wasserhahn 40
Der Opa hat Geburtstag heut 86
Der Regenwurm 66
Die Schauspieltruppe 88
Ging ein Kind zum Brunnen 49
Jeder Tag hat eine Farbe 51
Joseph, lieber Joseph mein 79
Komm, wir spielen heut Theater 88
Opa hat Geburtstag 84
Peter und der Wolf 56
Rechenlied 87
Stampf mit deinen Füßen 89

Musik, Musik

Ich und die Musik I/1 – 8

TARKAN
SMACK
PRIMA
ROCK
AC DC
MU-SI 4
7

1 In dieser großen Familie
hat jeder etwas mit Musik zu tun.
Beschreibt, was ihr seht.

2 Wann und wo hört ihr Musik? Berichtet!

- Musik im Alltag wahrnehmen;
Musikstücke hören und beschreiben.

LENA
Eurovisi

3 Bringt eure Lieblingsmusik mit. Erzählt, von wem ihr sie kennt.

4 Fragt ein anderes Kind: Welche Musik hörst du gern? Von wem kennst du die Musik?

▶ Jedes Bild auf seine Information hin prüfen: Wer macht was zur Musik und aus welcher Quelle kommt sie? Die Bilder als Anreiz für eigene Erzählungen nehmen.

Musik in meiner Stadt

I/9 – 21

Musikschule
Monis
Musikladen
KINDER
CHOR
Rock
Schlager
Klassik

1 Hört, was da klingt!
Wo ist Musik, wo sind Geräusche?

- Klänge und Geräusche in Umwelt und Alltag bewusst wahrnehmen und unterscheiden.
- Wo „hört" man auf diesem Bild Musik und was weist auf sie hin?

112
FEUERWEHR
POLIZEI

2 Was hört ihr in eurer Stadt?
Wo gibt es überall Musik? Welche Orte haben etwas mit Musik zu tun?

▶ Die örtliche Tageszeitung auf Musik hin auswerten;
ein Plakat über „Musik in meiner Stadt“ zusammenstellen.

Mein Lieblingsinstrument  I/22–23  IV/1

Musikschule

1 Erzählt, was ihr auf den Bildern seht.

- Instrumente kennenlernen; musikalische Vorlieben benennen.
- Besprechung der Bildgeschichte: wie Interesse an einem Instrument entsteht; die E-Gitarre, die imitiert wird, unterscheiden von der akustischen Gitarre.

Ey DJ

I/24–28

Text und Melodie: siehe Seite 95

Refrain

e
Ey D - J, bring den Tune zu-rück, mach kei - ne Fa - xen,

die Meu-te spielt ver- rückt, der gan-ze Club brennt und al - le schrein im Chor:

Wir wolln fei - ern, wir wolln Par - ty, wir wolln Bäs - se im Ohr.

Dieses Lied ist ein Hit, weil viele Leute es kennen.
Sie singen am liebsten nur diesen Refrain.

Worterklärungen

DJ	Discjockey legt Musik bei einer Party auf
Tune	Melodie hier: gute Musik
Meute	hier: die Leute
Club	hier: Partyraum
brennt	hier: alle sind aufgeregt

Kontrabass

Bassdrum

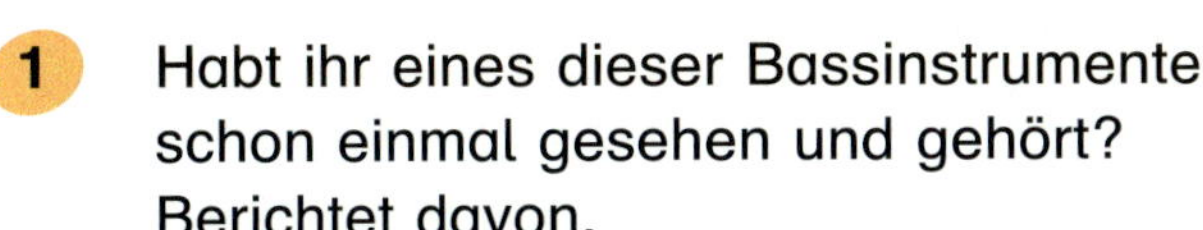

1 Habt ihr eines dieser Bassinstrumente schon einmal gesehen und gehört? Berichtet davon.

2 Musiziert das Lied wie ein **Rondo**.
Das geht so:
Ihr singt gemeinsam den Refrain **Ey DJ.**
Anschließend spielt ein Kind ein Solo.
Es spielt also allein
auf einem Instrument.
Dann singen wieder alle den **Refrain**.
Darauf folgt wieder ein **Solo**.

E-Bass

Bass-Stab

- Liedprinzip **Rondo** kennenlernen.
- Solisten imitieren ein Bassinstrument oder sie spielen ein Solo auf einem anderen Instrument – dies muss kein Bassinstrument sein; unbekannte Wörter besprechen.

So geht's: S. 25
Fachwörter: S.93

Ich gehe zur Schule

Klingende Schulwege I/29–44

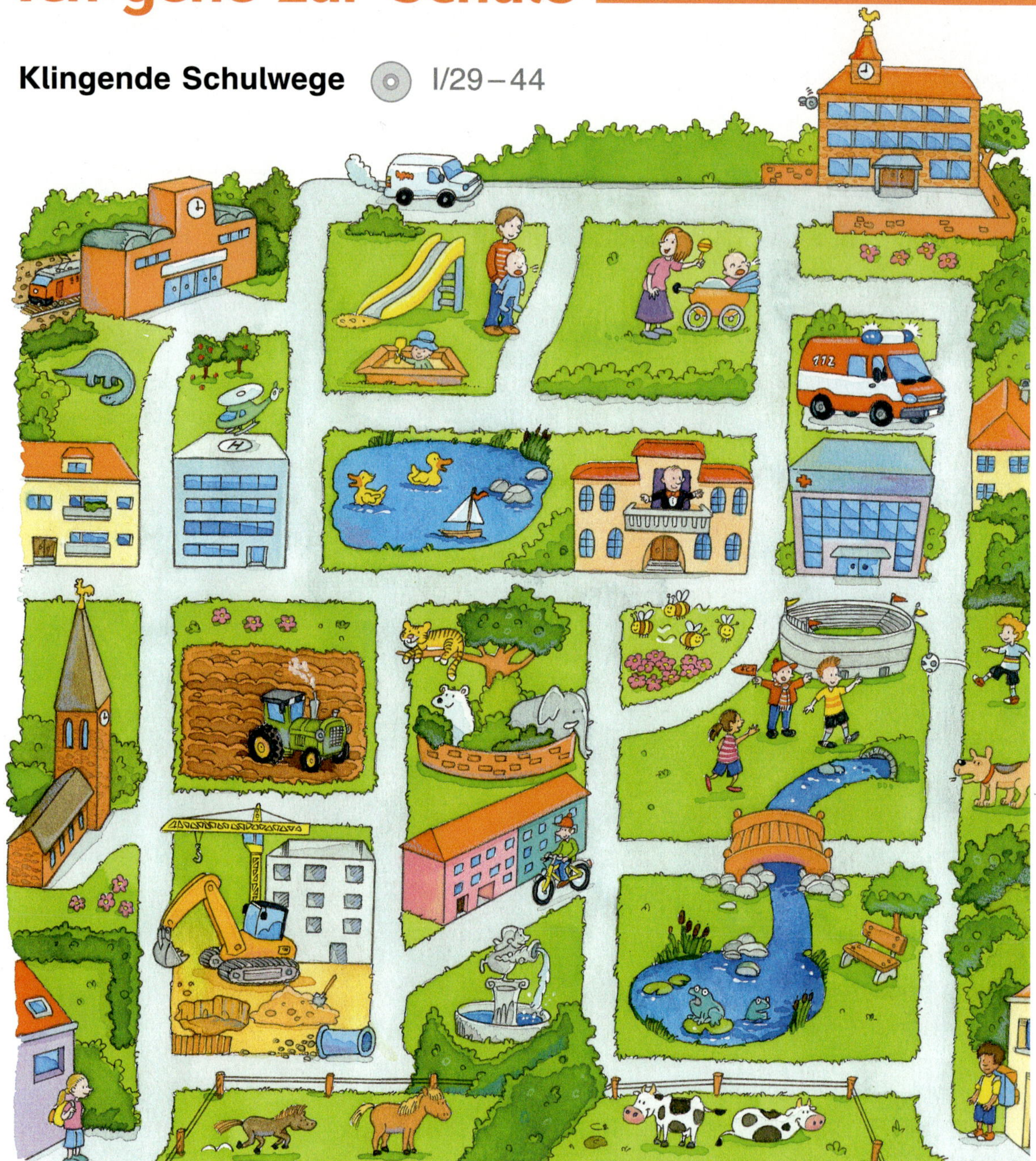

1 Zwei Kinder treffen sich jeden Morgen vor ihrer Schule.
Findet heraus, welchen Weg jedes Kind von seinem Zuhause aus geht.
Hört euch dazu die Geräuschfolge für jedes Kind an
und betrachtet dabei den Stadtplan. Wo ist die Schule?

2 Macht mit eurer Stimme Geräusche nach.
Denkt euch einen neuen Weg aus. Zeigt ihn nur mit der Stimme.
Die anderen finden heraus, welcher Weg gemeint ist.

- Klanggeschichte; Ausdrucksmöglichkeiten der Stimme erproben.
- In Gruppen- oder Partnerarbeit: Dinge aufmalen, die klingen; mit der Stimme nachahmen; herausfinden lassen, was gemeint ist.

So geht's: S. 55

Der Schulweg-Song

I/45 – 47
IV/2
High five!
Text: B. K.
Melodie: traditionell
Refrain
D
Gleich geht die Schu - le los, tra - la - la - la - la.
A
Gleich geht die Schu - le los, tra - la - la - la - la - la - la.
D
Gleich geht die Schu - le los, tra - la - la - la - la.
D
Wir sind je - den Mor - gen un - ter - wegs. High five!

1 Schon fährt der Schulbus los,
tralalalala. ... Ich bin jeden
Morgen unterwegs. High five!

2 Ich geh zu Fuß dorthin,
tralalalala. ... Ich bin jeden
Morgen unterwegs. High five!

Die **Melodie** dieses Liedes ist als Kreistanzspiel **Brown girl in the ring** bekannt. Es wird auf der ganzen Welt von Kindern gesungen und gespielt. Dazu stellen sich die Kinder im Kreis auf. Zum **Refrain** geht ein Kind im Kreis herum. Zur **Strophe** nimmt es ein Kind aus dem Kreis und tanzt mit ihm. Beim nächsten Refrain nimmt das erste Kind den leeren Platz ein und das zweite geht nun allein herum.

1. Erzählt, wie ihr zur Schule kommt. Überlegt euch dann eine eigene Textzeile, die zu der Melodie passen könnte.

2. Tanzt zum Lied, wie oben beschrieben.

• Die Gruppe Boney M. hat aus dem Lied ein Disco-Stück gemacht.

! Fachwörter: S. 93, 94

Im Klassenzimmer  I/48

- Klangmöglichkeiten von Instrumenten, Materialien und Objekten entdecken, erfahren und unterscheiden.

So geht's: S. 19

Ja, so ein Zimmer

Text und Melodie: Gerda Bächli

Refrain

F B C^7
Ja, so ein Zim - mer, das ist ein Ins - tru - ment,

F B C
das man noch im - mer zu we - nig schätzt und kennt:

F B F F B F
1 Uns - re Hei - zung, die klingt so: ... und uns - re Tü - ren, die gehn so: ...

C^7 F C F
Das ist Mu - sik, und die Mu - sik, die macht uns froh!

C^7 F C F
Das ist Mu - sik, und die Mu - sik, die macht uns froh!

1. Probiert aus, was klingt.
2. Singt das Lied und spielt an der passenden Stelle die Geräusche.
3. Denkt euch selbst viele neue Strophen aus.

▸ Klangerzeugungsmöglichkeiten an verschiedenen Zimmereinrichtungsgegenständen ausprobieren und als neue Strophen im Lied singen: „Der Papierkorb, der klingt so ... “

So geht's: S. 19

Das Namenslied

I/49–50

Text: Anja Schuchhardt, B. K.
Melodie: mündlich überliefert

Refrain
Einer/Alle F
C
F
Wir spie-len jetzt die Na-men von al - len, die heut ka-men.
Einer/Alle B
F
C
F Schluss
Die Na-men, die Na-men, die Na-men sind Mu - sik.
Das Kind spricht:
Alle
von vorne
Ich hei-ße Tom. Tom!
Das zweite Kind spricht:
Alle
Ich hei-ße A-na-bel. Tom! A-na-bel!
Jeder Name hat einen Rhythmus:
Tim
Le-a
Mo-ha-med
Na-desh-da
Ma - xi - mi - li - an
Vik - to - ri - a

1. Wie klingt der Rhythmus eurer Vornamen? Spielt euren Namensrhythmus.
2. Denkt euch einen Namen aus und trommelt den Rhythmus.
   Die anderen Kinder finden heraus, welche Namen dazu passen könnten.
3. Denkt euch eine Folge von Namen aus und trommelt sie.

- Rhythmus durch Sprache und Körperinstrumente darstellen.
- Ratespiel: Stumm trommeln – welcher Name könnte gemeint sein?

Fachwörter: S. 93

Wer hat die Kekse aus der Dose geklaut? I/51

Text und Melodie: mündlich überliefert

Einer/Alle
Wer hat die Kek - se aus der Do - se ge - klaut?
Einer/Alle
An - ne hat die Kek - se aus der Do - se ge - klaut!
1.
2.
Anne Alle Anne Alle
dal 𝄋
klaut! Wer, ich? Ja, du! Nie - mals! Wer dann?
Wer hat die aus der geklaut? 2-mal
KEKSE
Anne hat die aus der geklaut. 2-mal
KEKSE
Begleitung
patschen
Wer ich?
Ja, du!
Niemals!
Wer dann?
Paul hat die Kekse aus der Dose geklaut. 2-mal
Wer ich?
Ja, du!
Niemals!
Wer dann?

1. Singt das Lied im **Sprechgesang**.
2. Patscht mit den Händen gleichmäßig zum Lied auf die Oberschenkel oder setzt andere Körperinstrumente ein.
3. Singt, patscht und spielt in immer schnellerem Tempo.

- Lieder mit Körperinstrumenten begleiten; rhythmisch sprechen.
- Damit das Lied im gleichmäßigen Schlag immer weiterläuft, muss die Spielregel sehr vertraut sein. Deswegen sollte man es oft wiederholen.

Fachwörter: S. 94

Alles aus Papier  I/52 – 54

Text und Melodie: Ulrike Meyerholz

F
Al - les hier ist aus Pa - pier und da - mit ma - chen wir Mu - sik, ja,

al - les hier ist aus Pa - pier und da - mit ma - chen wir Mu - sik!

F
C
D
Begleitung
4-mal
schlagen
reißen

knüllen

1. Macht Klänge mit Papier.
2. Musiziert wie in einem **Rondo**:
   Alle singen und begleiten das Lied,
   dann spielt ein Kind seinen Papierklang.
   Danach singen alle wieder das Lied.
3. Schreibt eure Papierklänge als **Klangzeichen** auf.
4. Schreibt weitere Klangzeichen
   und spielt sie mit eurem Papier.
5. Ihr könnt auch Musik für mehrere
   Papierklänge aufschreiben.

- Einfache Liedformen erkennen;
  Klangzeichen entwickeln; nach grafischer Notation musizieren;
  Arbeitsergebnisse präsentieren.

Fachwörter: S. 93

So geht's: Klänge erfinden und zeichnen

1 Ich probiere aus,
wie mein Papier klingen kann.
Ich finde mindestens
drei verschiedene Klänge.

2 Ich suche mir ein anderes Kind.
Es soll meine Klänge zeichnen.
Dazu brauchen wir Papier und Stifte.
Während ich einen meiner Klänge
spiele, zeichnet mein Partner auf,
wie das klingt.

3 Jeder Klang sieht anders aus.

4 Nun zeigt mir mein Partner,
welches Klangzeichen ich spielen soll.
Dann tauschen wir.

- Eigene Musikstücke über Notation reproduzierbar machen; Notation mitlesen und wiedererkennen.

Am Morgen

Morgenstimmung  I/55–56 IV/3

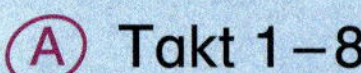
Ⓐ Takt 1–8

Ⓑ Takt 9–16

1. Schaut euch die Bilder an. Was erzählen sie?

2. Hört euch das Musikstück mit dem Taktzähler an und betrachtet dabei das Bild so lange, wie der dazugehörige Musikabschnitt dauert.

- Beziehungen zwischen Inhalten/Stimmungen und musikalischen Mitteln erkennen; eigene Bewegungsgestaltung entwickeln.
- ▶ Musikstück von E. Grieg mit und ohne Taktzähler hören und Bilder dabei verfolgen.

Ⓒ Takt 17–20
Ⓓ Takt 21–30

3 Bewegt euch so zur Musik, wie die Bilder es zeigen, aber ohne Taktzähler. I/56

4 Denkt euch eigene Bewegungen zu der Musik aus.

▶ Das Hören mit Taktzähler dient dazu, die vier musikalischen Abschnitte unterscheiden zu können. Erst dann können die Bewegungen der Länge des Stückes angepasst werden.

So geht's: S. 61

Am Morgen

Bruder Jakob
I/57 – 58
Text und Melodie:
mündlich überliefert aus Lothringen
Kanon
1. D
2.
Bru - der Ja - kob, Bru - der Ja - kob! Schläfst du noch?
Schläfst du noch? Hörst du nicht die Glo - cken?
Hörst du nicht die Glo- cken? Ding dang dong, ding dang dong.
1 Bruder Jakob, Bruder Jakob!
2 Schläfst du noch? Schläfst du noch?
1 Bruder Jakob, Bruder Jakob!
A
D

Frère Jacques,
dormez-vous?
Sonnez les matines,
ding dong dong.
französisch

Are you sleeping,
brother John?
Morning bells are ringing,
dong dong dong!
englisch

Jakup usta,
haydi kalk,
saatine bir bak,
bom bom bom.
türkisch

1. Singt im **Kanon**, auch in anderen Sprachen.

2. Spielt den **Bordun** zum Lied.
Dabei schlagt ihr gleichmäßig auf die Töne D und A.
Ihr könnt Stabspiele oder Tasteninstrumente dazu benutzen.

▶ Kanon singen; zwei Gruppen bilden. Jede Gruppe singt zuerst nur vier Takte: die erste die ersten vier, die zweite die letzten vier Takte. Diese werden immer wiederholt und zweistimmig gesungen. Wenn das klappt, tauschen die Gruppen.

! Fachwörter: S. 92

Der Begrüßungs-Rap I/59–60

Text und Melodie: Wolfgang Hering

Ⓐ klopfen
Ⓑ stampfen
Wir klop - fen al - le Schlag auf Schlag auf Holz und wün - schen „Gu - ten Tag!“ Wir
stamp - fen mit den Fü - ßen dann so laut, wie das nur je - der kann und
ru - fen auch noch „Ha, ha, ha!“, und schließ - lich „O - lé!“
Ⓒ klatsch, klatsch, klatsch
Ⓓ Arme hoch
Do - bre djen!
russisch
Gü - nay - dın!
türkisch
Hel - lo!
englisch
Bon - jour!
französisch
Ha, ha, ha!
Olé!
Ⓐ
Ⓑ
Ⓒ
Ⓓ

1 Was aus Holz klingt noch?

2 Sprecht **Guten Tag** in einer anderen Sprache.

■ Stimmliche und rhythmische Begrüßungsspiele;
einen Rap rhythmisch sprechen, mit Körperinstrumenten begleiten.

▶ Der Rap kann auch im Kanon gesprochen werden.

Das Wecklied

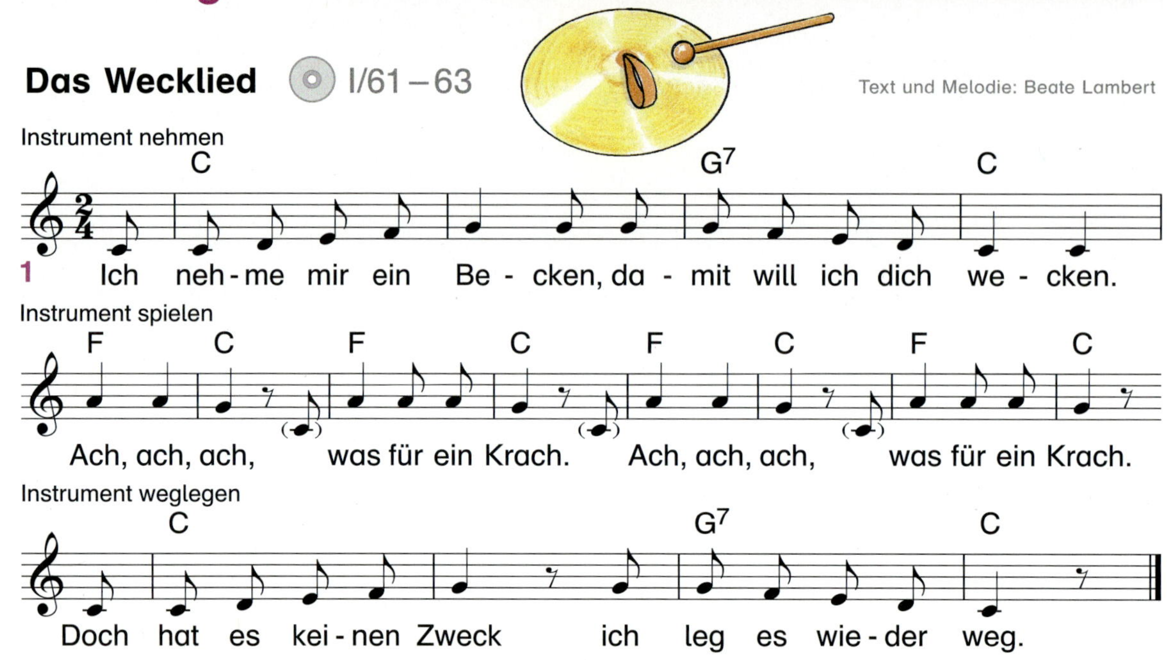
I/61 – 63
Text und Melodie: Beate Lambert
Instrument nehmen
C G7 C
1 Ich neh-me mir ein Be - cken, da - mit will ich dich we - cken.
Instrument spielen
F C F C F C F C
Ach, ach, ach, was für ein Krach. Ach, ach, ach, was für ein Krach.
Instrument weglegen
C G7 C
Doch hat es kei-nen Zweck ich leg es wie-der weg.

2 Dann schlag ich auf das Holz,
das ist was ganz was Tolls.
Klacker, klacker, klack,
du schläfst ja wie ein Sack! 2-mal
Es hat wohl keinen Zweck,
ich leg es wieder weg.

3 Das Ding mit den drei Ecken,
das kann dich vielleicht wecken.
Triangel feine,
bringst du sie auf die Beine? 2-mal
Nein, es hat keinen Zweck,
ich leg sie wieder weg.

4 Die Trommel ist ganz laut,
wenn man auf sie draufhaut.
Bumm, bumm, bumm –
dreh dich doch mal um! 2-mal
Es hat wohl keinen Zweck,
ich leg sie wieder weg.

5 Vielleicht muss man zum Wecken
mit der Rassel dich erschrecken.
Rassel, rassel, rassel –
wie Regengeprassel! 2-mal
Doch es hat keinen Zweck,
ich leg sie wieder weg.

6 Jetzt alle Instrument'
wie in einer Band.
Vielleicht wirst du nur wach
von richtig lautem Krach! 2-mal
Es hat wohl keinen Zweck,
wir legen alles weg.

Das Kind, das geschlafen hat:

7 Hab gar nicht geschlafen,
hab nur so getan!
Eure Instrumente,
die hörte ich mir an.
Das warn so viele schöne,
laut' und leise Töne.
Danke für's Konzert –
ich fühl mich sehr geehrt!

▶ In jeder zweiten Liedzeile erklingt das erwähnte Instrument oder eine Körperaktion: (1) klatschen, (2) beide Zeigefinger aufeinanderschlagen, (3) schnipsen, (4) stampfen, (5) Hände reiben, (6) jeder anders.

So geht's: Instrumente spielen

Becken
Triangel
Trommel

1 Ich benutze jedes Instrument sehr sorgsam, damit nichts kaputt geht.

2 Für jedes Instrument lerne ich den Namen.

3 Ich probiere aus, wie die Instrumente gespielt werden.

4 Nur an der Stelle im Lied spiele ich, an der das Instrument passend ist.

Ach, ach, ach, was für ein Krach.

5 Im Wecklied darf das Instrument, von dem gesungen wird, nur in der zweiten Liedzeile gespielt werden.

Kinder und andere Leute

Bei den Geistern ist was los! I/64–66

bwwmm
bwwmm
WAH
fla
fla
huiiiiiiiii
wwwsch
wwwsch
fft
gäääähn
www
www
schnurrr
bwrrr
lellep

1 Hört die Geister an. Welches Geräusch passt zu welchem Geist?

2 Macht ihre Stimmen nach.

■ Ausdrucksmöglichkeiten der Stimme erproben.

▶ Das Bild kann im Sinne des Spieles „Kofferpacken" bearbeitet werden. Der Erste spricht: „Ich gerate in ein Geisterhaus. Zuerst begegne ich dem ‚bwwmm, bwwmm'!"

pss pss
hi hi hiii
uhuuu
fla
fla
ho
ho
ha
ha
ha
ha
jauuuuuuuulll
jauuulll
bo
phüüüh
höhöööö
buuh
miau

3 Suche dir einen Geist oder ein Tier aus.
Diese Stimme machst du nach und die anderen finden heraus,
wer oder was gemeint war.

▶ Auf der CD finden sich drei Abschnitte des Bildes in Stimmklänge umgesetzt:
am Kamin, an und auf der Treppe, am rechten Fenster.

So geht's: S. 55

Hundertzwei Gespensterchen

I/67 – 68

Text: James Krüss
Melodie: Ingeborg Becker/Heinz Jung

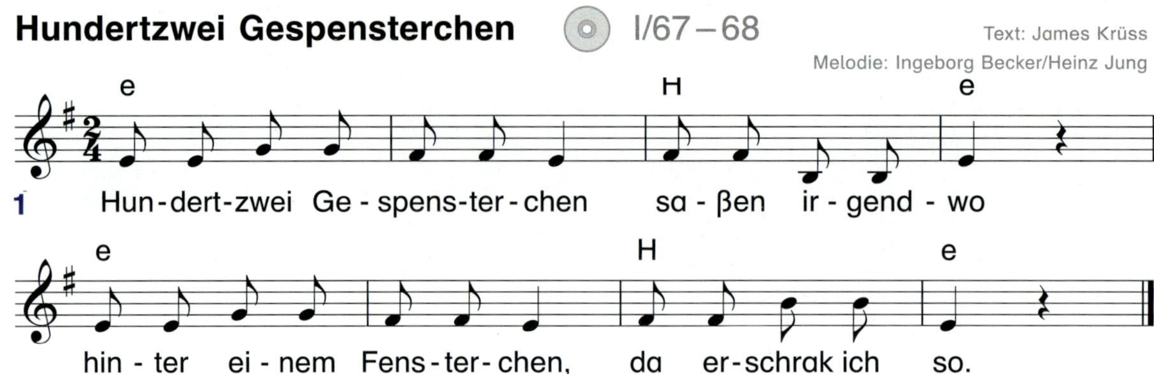
e H e
1 Hun-dert-zwei Ge - spens-ter - chen sa - ßen ir - gend - wo
e H e
hin - ter ei - nem Fens - ter - chen, da er-schrak ich so.

2 Hundertzwei Gespensterchen
waren sehr vertrackt:
Hinter meinem Fensterchen
klopften sie im Takt.

3 Hundertzwei Gespensterchen
haben mich erschreckt.
Weit entfernt vom Fensterchen
hab ich mich versteckt.

4 Hundertzwei Gespensterchen
waren plötzlich fort.
Schlich mich schnell zum Fensterchen,
fand sie nicht mehr dort.

5 Hundertzwei Gespensterchen
denkt euch, wie famos,
waren an dem Fensterchen
Regentropfen bloß!

1. Spielt die Regengeräusche zum Lied.

2. Spielt mit Regengeräuschen eigene Musikstücke.
Jemand kann **dirigieren**. Vielleicht beginnen einzelne Tropfen? Dann klingen Tropfen leise. Vielleicht werden sie dann lauter, dann wieder leise. Die Tropfen können auch erst langsam fallen und dann schneller werden.

3. Hört euch Musikausschnitte an, in denen es musikalisch regnet.  I/69 – 71

▶ Lied mit selbst gebauten Instrumenten begleiten: Regenrasseln basteln (Joghurtbecher, Reiskörner, Butterbrotpapier, Gummibänder); Regenmusik selbst machen, auch in Gruppenarbeit; malen zu den Musikausschnitten.

! Fachwörter: S. 92

So geht's: Lieder und Geschichten verklanglichen

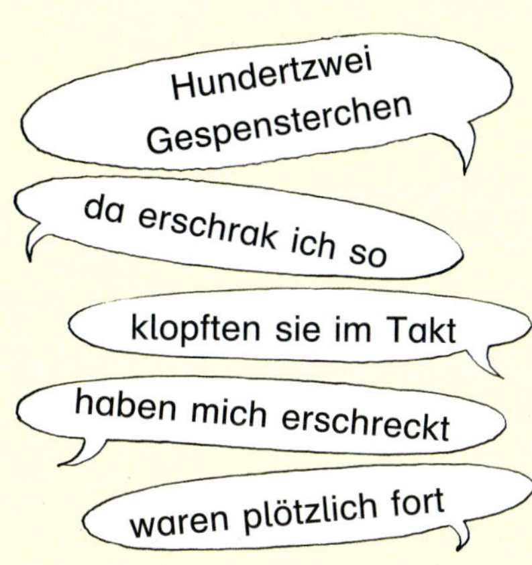
Hundertzwei Gespensterchen
da erschrak ich so
klopften sie im Takt
haben mich erschreckt
waren plötzlich fort

1 Ich kann ein Lied nicht nur singen oder eine Geschichte nur vorlesen. Ich kann mit Klängen untermalen, was im Lied oder in der Geschichte erzählt wird.

2 Dazu achte ich auf die Zeilen, die einen Klang ermöglichen. Im Lied **Hundertzwei Gespensterchen** eignen sich fünf Zeilen besonders gut.

Hundertzwei Gespensterchen ...

3 Für diese Zeilen suche ich mir geeignete Klänge. Ich probiere die Klänge aus. Dann entscheide ich, wie sie am besten zu jeder der Zeilen gespielt werden.

4 Nun singen andere Kinder das Lied oder lesen die ganze Geschichte. Zu den vereinbarten Zeilen spielen wir. Die Klänge sollten gut zum Text passen.

■ Klanggeschichten ausführen.

Das kleine Blau und das kleine Gelb – ein Klangspiel  I/72

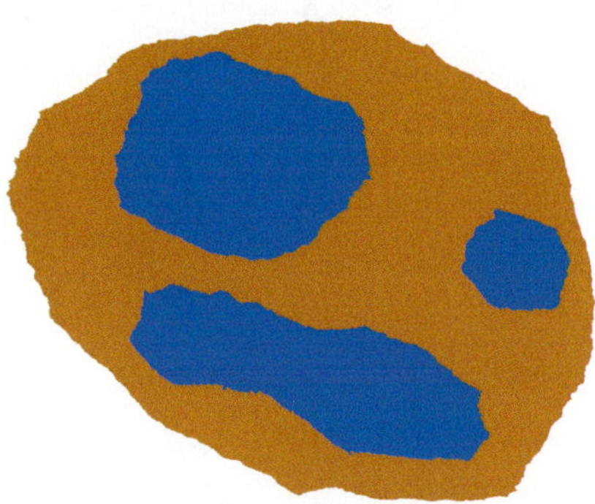

1 Hier machen wir ein Kind bekannt,
es wird das kleine Blau genannt.

2 Hier seht ihr's noch einmal genau
mit Mama Blau und Papa Blau.

3 Auf dieser Seite nun erscheint
das kleine Gelb, sein bester Freund.

4 Es wohnt im Hause gegenüber
und kommt zum Spielen oft herüber.

5 Einst sagte Mama Blau: Mein Kind,
bleib hier! Ich kaufe ein geschwind.
Doch schlich das kleine Blau verstohlen
hinaus, das kleine Gelb zu holen.
Jedoch das Haus vom Gelb war leer.
Das kleine Blau lief hin und her ...
bis es um eine Ecke rannte
und dort das kleine Gelb erkannte.

6 Da bist du ja! Ich suchte dich.
Sie lachten und umarmten sich.

1 Findet einen Klang für das kleine Blau und das kleine Gelb.
Wie klingen die Eltern?
Wie klingt das Grün?

- Bildgeschichte klanglich umsetzen.
- ▶ Text lesen, Klänge für Blau (z. B. ein bzw. drei Xylofontöne), für Gelb (ein bzw. drei Glockenspieltöne) finden; Text, Klang und Spiel Strophe für Strophe umsetzen.

7 Da wurden sie durch diesen Spaß
bei der Umarmung grün wie Gras.

8 Nun sieht man beide – Grün auf Grün –
zusammen durch den Stadtpark ziehn.

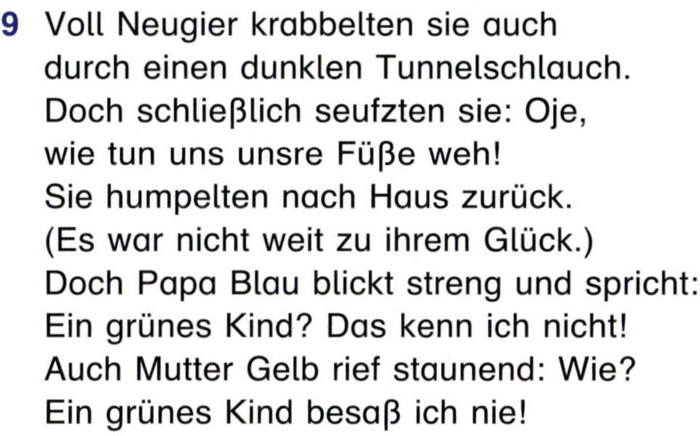

9 Voll Neugier krabbelten sie auch
durch einen dunklen Tunnelschlauch.
Doch schließlich seufzten sie: Oje,
wie tun uns unsre Füße weh!
Sie humpelten nach Haus zurück.
(Es war nicht weit zu ihrem Glück.)
Doch Papa Blau blickt streng und spricht:
Ein grünes Kind? Das kenn ich nicht!
Auch Mutter Gelb rief staunend: Wie?
Ein grünes Kind besaß ich nie!

10 Zusammen fingen die zwei Kleinen
in tiefem Kummer an zu weinen.

11 Sie wurden Tränen ganz und gar,
was – wie man sieht –
recht nützlich war ...

12 ... weil alle Tränen, die vergossen,
links blau, rechts gelb
zusammenflossen.

2 Begleitet alle Strophen mit passenden Klängen.
Nehmt eure Musik auf.

3 Gestaltet mit Buntpapier Bilder zu der Geschichte.

▶ Das Papier soll bei Aufgabe 3 in Form gerissen werden.
Die Kinder können sich auch in den Farben verkleiden und die Geschichte szenisch darstellen. Den Text vorlesen.

So geht's: S. 29

Tumba, tumba
I/73
IV/4–6
Text und Melodie: mündlich überliefert
A
e H7 e
Tum-ba, tum-ba, tum-ba, tum-ba, tum-ba, tum-ba, tum - ba.
B
e
Don don don, di - ri don, di - ri, di - ri, don don,
C
a e H7 e
tra - la-la-la - la, la - la-la-la - la, la - la-la-la - la - la - la.
A stampfen in Halben
B um sich selbst drehen, klatschen
C angefasst herumtanzen

1 Tanzt zum Lied. Zu jedem Liedteil bewegt ihr euch anders.

2 Schaut euch an, wie ihr die drei Teile mit Instrumenten begleiten könnt.

▶ Zuerst nur am Platz und im Sitzen singen und stampfen zu **Tumba**, auf den Stuhl oder den Tisch klopfen zu **Don, don, don** und klatschen zum **tralala**. Erst dann die Instrumente und danach die drei Tanzbewegungen einsetzen.

So geht's: S. 25, 61

Şemmame – ein Reigentanz  I/74  IV/7

Von klein auf tanzen Kinder überall auf der Welt.
Sie lernen das Tanzen, indem sie andere Kinder,
Jugendliche oder Erwachsene dabei beobachten.
Dann probieren sie es selbst und werden so schnell zum Meister.

1 Die kleinen Finger der Nachbarn hakt ihr ein. Am Platz wippt ihr 4-mal in den Knien. Die Arme sind in W-Haltung.

2 Ihr geht vier Schritte in die Kreismitte: Fuß vor, den anderen Fuß ranziehen.

3 Dann geht ihr vier Schritte rückwärts. Dabei schwingen die Arme nach unten gestreckt nach hinten.

4 Nun drehen sich alle zur Seite: Ihr geht acht Schritte auf der Kreislinie, Arme wieder in W-Haltung. Dann fangt ihr von vorn an.

1 Versucht, die Schritte des Tanzes zu lernen.
Die Schritte sind hier einfacher gezeigt, als geübte Kinder sie tanzen.

- Tänze gestalten und päsentieren.
- Şemmame ist die Bezeichnung für einen kurdischen Reigentanz. Die Schüler können Kreistänze auch aus anderen Ländern zeigen.

1, 2, Polizei I/75–76

Melodie: Segio Porulari, Fulcio Zafret, Mario Pinosa / Text: Claudio Zennario

Eins, zwei, Po- li- zei.

Drei, vier, Gre- na- dier.

Fünf, sechs, al- te Gecks.

Sieben, acht, gut- te Nacht.

1. Hört die Musik. Wie verändert sich die Begleitung?
2. Spielt die Begleitmusik nach.
3. Spielt eigene Musik zu anderen Abzählreimen.

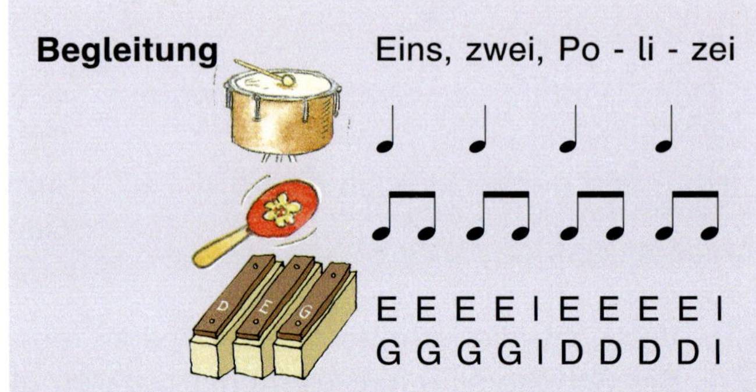
Begleitung
Eins, zwei, Po - li - zei
E E E E I E E E E I
G G G G I D D D D I

■ Rhythmisch prägnante Sprechtexte ausdrucksvoll wiedergeben; Verse instrumental begleiten.

Abzählreime

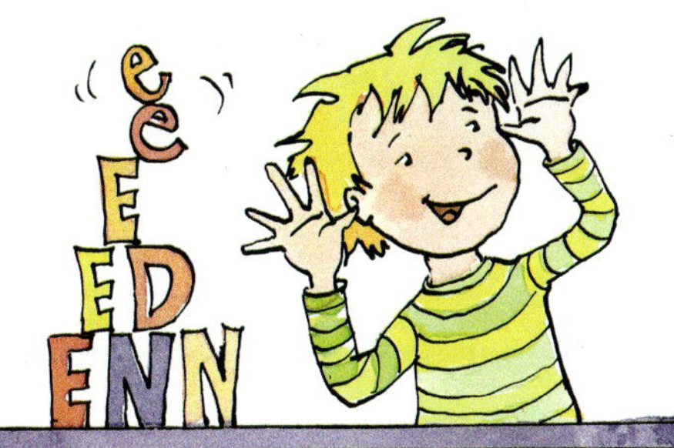
e
e
E
ED
ENN

Enne denne dubedenne
dubedenne dalia
ebbe babbe bembio
bio bio buff!

Eine kleine Piepmaus
lief um's Rathaus,
fidewip, fidewap
und du bist ab.

Stellt euch vor, ihr wollt in der Pause **Fangen** spielen und es findet sich kein Fänger. Dann zählt ihr aus:

Eine kleine Mickymaus,
zog sich mal die Hosen aus,
zog sie wieder an
und du bist dran.
Dran bist du noch lange nicht,
sag mir erst, wie alt du bist.
* 1, 2, 3, 4, 5, 6, 7, **8**.
* **Acht** ist kein Wort und du bist fort.

Wer bei **fort** getippt wird,
muss heraus aus dem Kreis.
Wer übrig bleibt, ist Fänger.

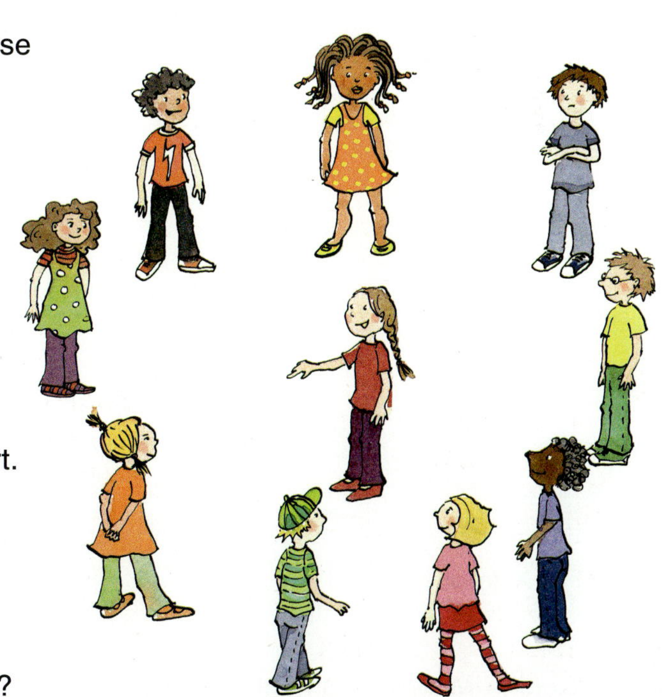

 1 Welche Abzählreime kennt ihr?

▶ Auf dem Schulhof „Fangen“ spielen; bei * das entsprechende Alter des Kindes einsetzen.

Von Trommel- und anderen Klängen

Orff-Instrumente

I/77
IV/8–13

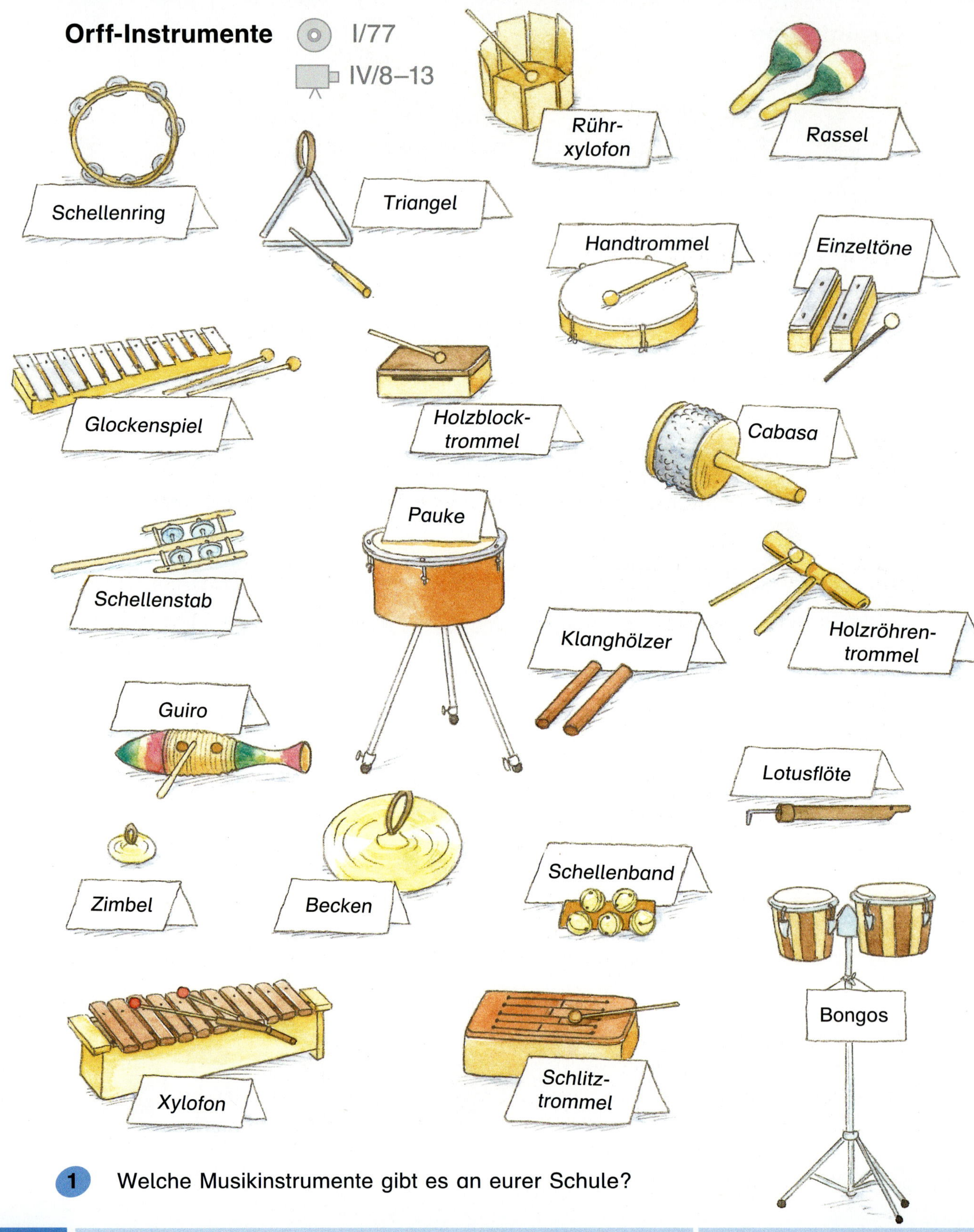

Schellenring
Triangel
Rühr-
xylofon
Rassel
Handtrommel
Einzeltöne
Glockenspiel
Holzblock-
trommel
Cabasa
Pauke
Schellenstab
Klanghölzer
Holzröhren-
trommel
Guiro
Lotusflöte
Zimbel
Becken
Schellenband
Bongos
Xylofon
Schlitz-
trommel

1 Welche Musikinstrumente gibt es an eurer Schule?

■ Instrumentenkunde; schulisches Instrumentarium kennenlernen.

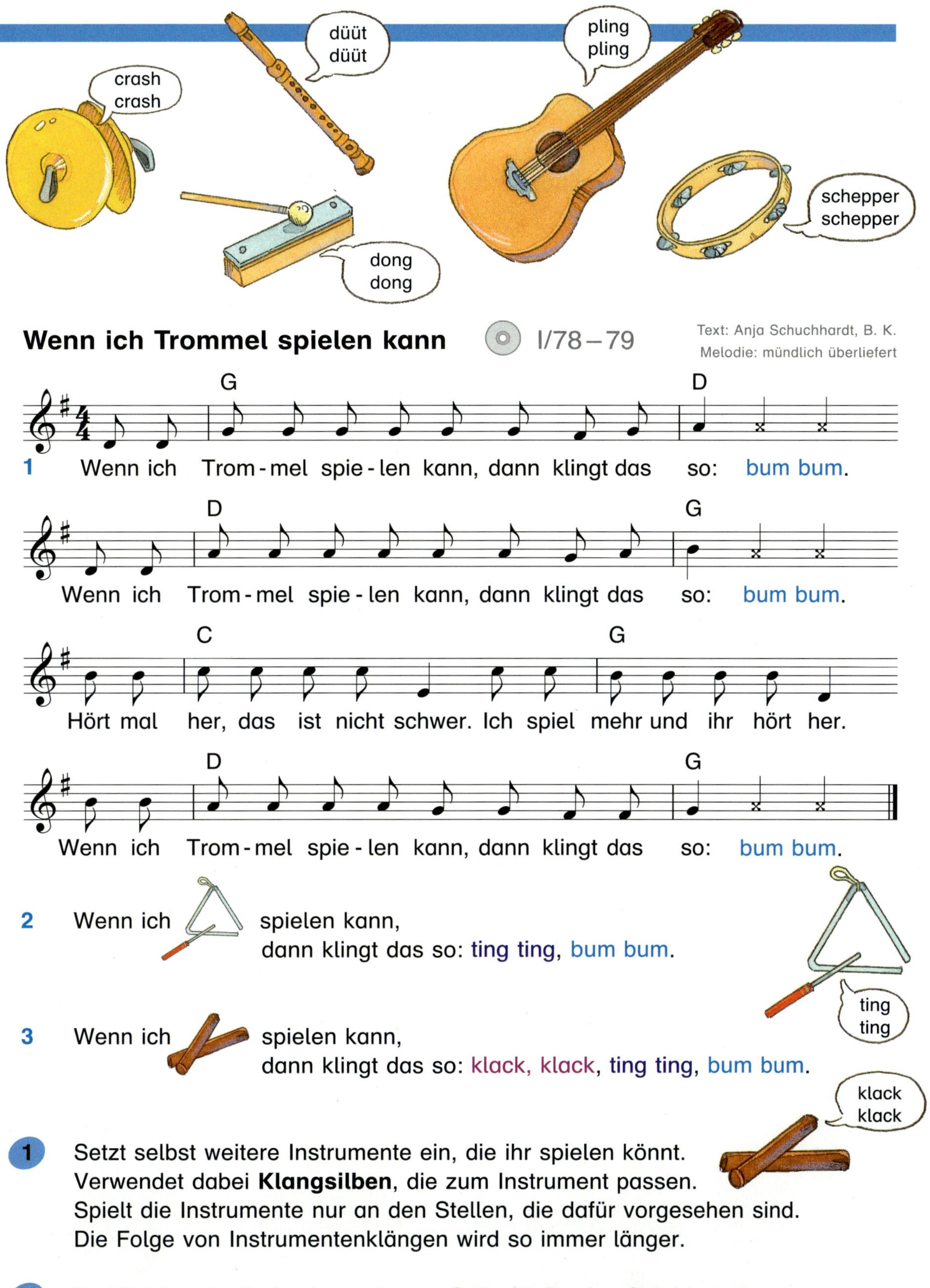

crash
crash
düüt
düüt
pling
pling
schepper
schepper
dong
dong
ting
ting
klack
klack

Wenn ich Trommel spielen kann

I/78–79

Text: Anja Schuchhardt, B. K.
Melodie: mündlich überliefert

G D

1 Wenn ich Trom - mel spie - len kann, dann klingt das so: bum bum.

D G

Wenn ich Trom - mel spie - len kann, dann klingt das so: bum bum.

C G

Hört mal her, das ist nicht schwer. Ich spiel mehr und ihr hört her.

D G

Wenn ich Trom - mel spie - len kann, dann klingt das so: bum bum.

2 Wenn ich [Triangel] spielen kann,
dann klingt das so: ting ting, bum bum.

3 Wenn ich [Klanghölzer] spielen kann,
dann klingt das so: klack, klack, ting ting, bum bum.

1. Setzt selbst weitere Instrumente ein, die ihr spielen könnt. Verwendet dabei **Klangsilben**, die zum Instrument passen. Spielt die Instrumente nur an den Stellen, die dafür vorgesehen sind. Die Folge von Instrumentenklängen wird so immer länger.

2. Ihr könnt auch die Instrumente von Seite 36 für das Spiel benutzen.

▶ Ausgewählte Instrumente in den Strophen einsetzen.
Instrumente benennen und Klangsilben entwickeln; auch nicht vorhandene Instrumente mit Klangsilben und pantomimischen Bewegungen einsetzen.

So geht's: S. 25, 55
Fachwörter: S. 92

Ein Schlägel-Leben

 I/80

Text: Werner Beidinger

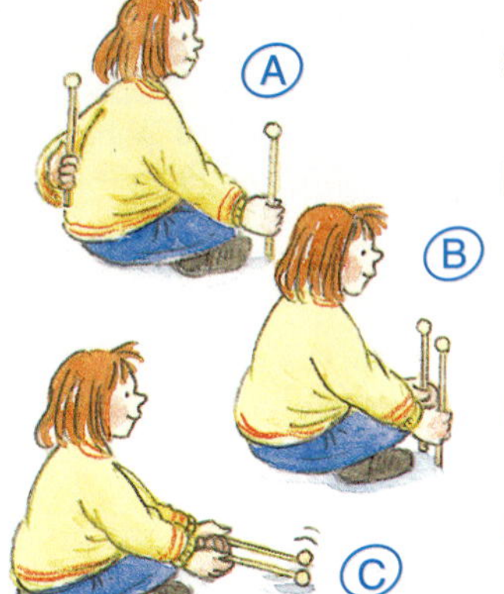

So sieht ein Schlägel aus,  (A)

Nummer zwei kommt auch heraus.  (B)

Hört nur, wie sie klopfen,  (C)

leis wie Regentropfen, 

wie die Uhren ticken  (D)

hinter meinem Rücken, (E)

aneinander reiben,  (F)

sich die Zeit vertreiben,

trommeln gar auf meinem Bauch  (G)

und auf meine Backen auch.  (H)

Schlägelköpfe küssen sacht, 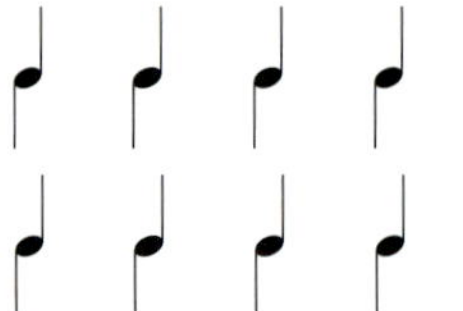 (I)

nochmal vier, dann sind es acht,

stehen stumm und starr vor Schreck.  (J)

Husch, dann sind sie weg!  (K)

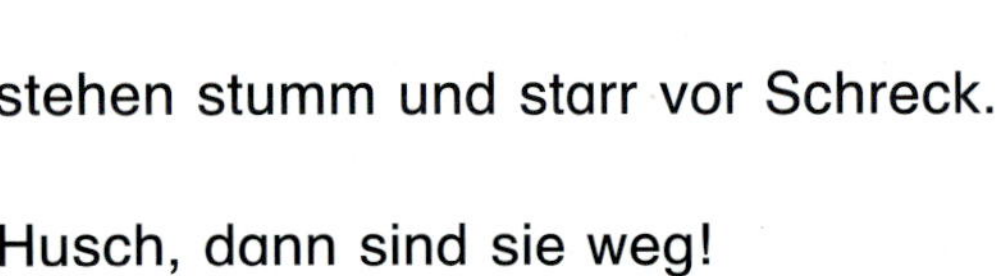

■ Einfaches Rhythmusstück spielen.

▶ Auf die verschiedenen Klänge achten, die durch das Spielen mit den Schlägeln entstehen; Klangqualitäten weitgehend ausdifferenzieren.

Trommelbau

Eine Luftballontrommel und einen oder zwei Schlägel bauen

Luftballon
Rundstab
Holzperle

Eine Luftballontrommel spielen

ratschen
schlagen
schnipsen
rufen

Eine große Trommel und einen oder zwei Schlägel bauen

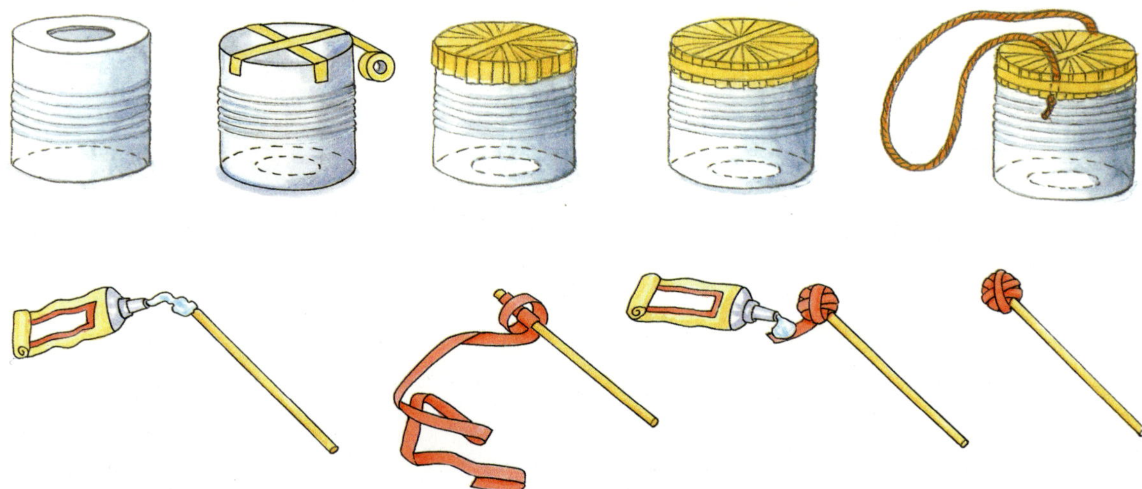

1. Baut euch eine Luftballontrommel und zwei Schlägel dafür.
2. Baut euch eine große Trommel und auch hierfür einen oder zwei Schlägel.
3. Spielt auf den Trommeln.

- Einfache Instrumente bauen; Spielarten auf Instrumenten erproben: zupfen, blasen, schlagen.
- Die Luftballons müssen die richtige Größe haben, sonst halten sie nicht.

So geht's: S. 25

Der musikalische Wasserhahn
II/1 – 2
Text und Melodie:
Klaus W. Hoffmann/Rudi Mika
1 Es war ein-mal ein Was-ser-hahn, der tropf-te pau-sen - los,
und je - der, der ihn hör - te, fand sein Trop-fen ganz fa - mos.
Er tropf - te nicht nur ein-fach so, wie's je - der Hahn ver - steht,
sein Rhyth-mus war voll Swing und Pep und Mu - si - ka - li - tät.
Ti-pi ti-pi tup tup tropft der Rhyth-mus, ti - pi ti - pi tup tup im-mer - zu.
Schluss: Ti-pi ti-pi tup tup träumt der Was - ser - hahn, so träumt er im-mer - zu.
Ti-pi ti-pi tup tup tup, der Was-ser-hahn gab ein-fach kei-ne Ruh.
Ti-pi ti-pi tup tup träumt der Was-ser-hahn und fin - det kei-ne Ruh.
tipi tipi
tup tup
verrückt!

- Szenisches Spiellied singen und spielen.

2 Die Tassen applaudierten
und das Handtuch rief entzückt:
„Dein Rhythmus, lieber Wasserhahn,
klingt ja total verrückt!“
Die Messer und die Gabeln
tanzten quietschvergnügt umher,
und auch dem alten Suppentopf
gefiel der Rhythmus sehr.

ticke ticke
tack tack

3 Der Flötenkessel tanzte mit
und pfiff die Melodie.
Die Teller klapperten im Takt
mit sehr viel Fantasie.
Die Töpfe schepperten im Schrank,
die Gläser klirrten leis,
der Abfalleimer rülpste laut
und drehte sich im Kreis.

4 Da sprach die alte Küchenuhr,
dass ihr der Takt gefällt,
und hat ihr Ticken auf den
Wasserrhythmus umgestellt.
Auf einmal ging die Türe auf,
der Klempner kam herein.
Der Wasserhahn wurd repariert
und ließ das Tropfen sein.

Wo ist der Rhythmus?

Der musikalische Wasserhahn tropft im Rhythmus. Dies ist sein Rhythmus:

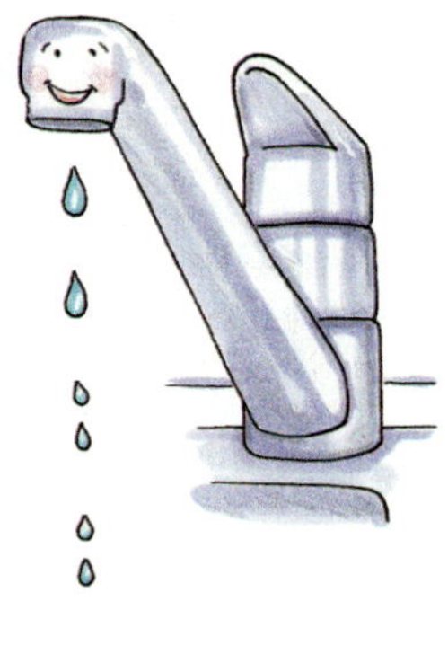
tipi tipi
tup tup

Das Wort **tup** hat eine Silbe und ist einen Schlag lang.
Das Wort **tipi** hat zwei Silben, die zusammengenommen so lang sind wie ein **tup**-Schlag.

In Noten sieht das so aus: 

ti - pi tup

1. Denkt euch neue Rhythmen aus.
Benutzt dazu als Rhythmussprache **tipi** und **tup**.

2. Schreibt sie auf
als Wörter: tup tup ti-pi ti-pi
als Tonlängenstriche: — — – – – –
als Noten:

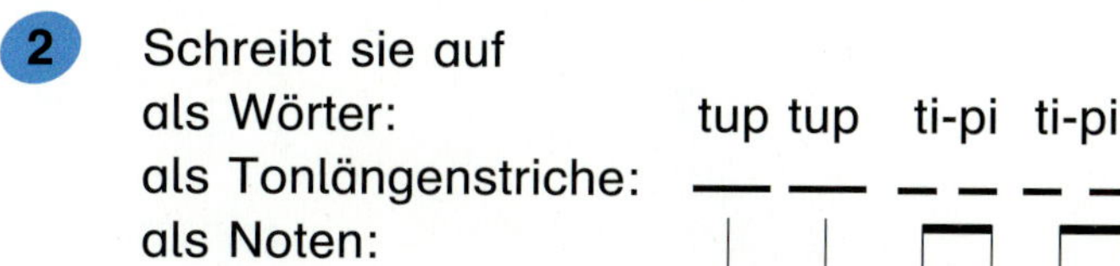

3. Ihr könnt auch mehrere Rhythmen gleichzeitig spielen.

tipi tup
tipi tup

■ Rhythmusstück spielen und notieren;
Rhythmusbausteine zusammensetzen und Klangfolgen musizieren;
mit Körperinstrumenten einfache Rhythmen erfinden und musizieren.

! Fachwörter: S. 93

Gummibär

II/3–4

Text und Melodie: Georg Feils

C
F
G
1 Ich kenn 'nen Bär, der hat kein Fell und brummt nicht mal e-
C
F
G
C
ven-tu-ell. Er lebt in ei-ner Tü-te, ach, du mei-ne Gü-te.
Refrain
C
d
Es ist der Gum-mi-, Gum-mi-, Gum-mi-, Gum-mi-, Gum-mi - bär,
Es ist der Gum-mi-, Gum-mi-, Gum-mi-, Gum-mi-, Gum-mi - bär,
G
1. C
2. C
has-te ei-nen, wills-te ei-nen Gum-mi - bär.
gell, da gucks-te, ruck-zuck ist die Tü-te leer.

2 Es ist kein Brom- und auch kein Blau-,
kein Preisel-, Stachel-, Erd-, kein Sau-,
kein Heidelbär ist er,
es ist der Gummibär.
Jawohl, der Gummi-, ...

3 Ziemlich klein und kunterbunt,
zu viel davon ist ungesund.
Nass klebt er ganz gut,
sogar auf Omas Hut.
Der Gummi-, ...

4 Und wer zu viel davon verzehrt,
für den hat's aus-gummi-ge-bärt.
Ach du lieber Schwan,
dem bohrt man dann im Zahn.
Wegen dem Gummi-, ...

- Lied singen.
- Schreibweisen für Beeren und Bären unterscheiden, indem alle entsprechenden Wörter aus dem Liedtext der Beere oder dem Bären zugeordnet werden.

Gummibärchenmaschine  II/5–7

Idee: Ulrike Meyerholz

(sprechen und spielen)
Gum-mi-bär-chen weiß
Gum-mi-bär-chen rot
Gum-mi-bär-chen gelb
Gum-mi-bär-chen grün

1 Mit tup ♩, ti-pi ♫ und sa 𝄽 könnt ihr die Gummibärchenmaschine zum Klingen bringen: Sprecht jeden Rhythmus mit den Silben oder spielt ihn auf Instrumenten.

tup

ti-pi

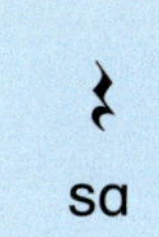
sa

2 Versucht, mehrere Rhythmen gleichzeitig zu sprechen und zu spielen.

- Rhythmusbausteine zusammensetzen.
- Jede Zeile gemeinsam mit **tup**, **tipi** und **sa** rhythmisch sprechen und spielen. Dann probiert jede Gruppe ihre Stimme einzeln.

Von Trommel- und anderen Klängen

Sieben Indianerkinder

II/8 – 9

Text: Mira Lobe, Ernst A. Ekker; Bearbeitung: B. K.
Melodie: Christine Gauster

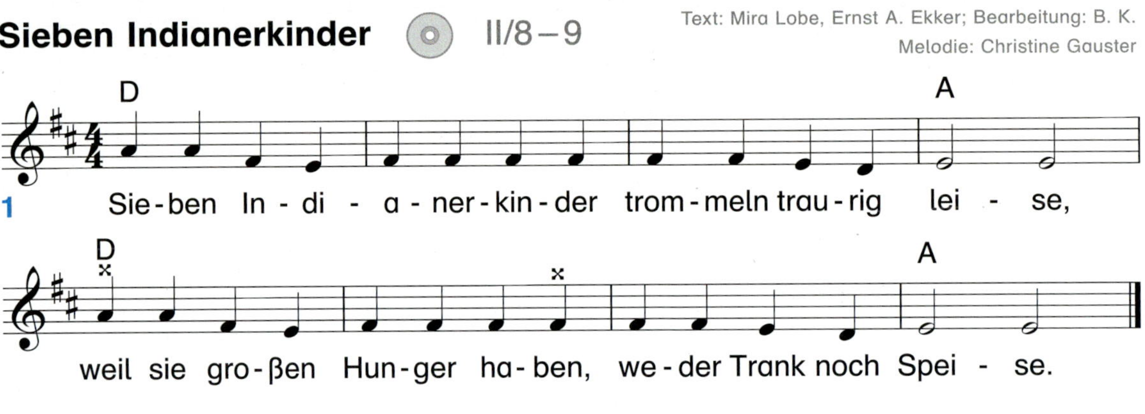

D
A
1 Sie-ben In-di-a-ner-kin-der trom-meln trau-rig lei-se,
D
A
weil sie gro-ßen Hun-ger ha-ben, we-der Trank noch Spei-se.

In den weiteren Strophen wird die Melodie von × bis × einmal wiederholt.

2 Sieben Indianerkinder
trommeln etwas lauter,
weil sie was gefunden haben:
gelben Mais und Honigwaben –
trommeln immer lauter.

3 Sieben Indianerkinder
trommeln stark und mächtig,
weil sie volle Bäuche haben;
sieben Indianerkinder
fühln sich satt und prächtig.

1 Singt das Lied und trommelt dazu.
Beachtet, dass es immer lauter wird. Fangt also leise an.

- Klangmöglichkeiten von Körperinstrumenten (laut – leise) erproben;
  Lieder rhythmisch begleiten;
  Steigerung der Lautstärke (**crescendo**) herausarbeiten.

So geht's: S. 25
Fachwörter: S. 92

Hey Ungawa

II/10–11 IV/14–15

Text und Melodie mündlich überliefert

Hey hey hey un - ga - wa. Hey hey hey un - ga wa.
Hey hey hey un - ga wa. Un - ga - wa, un - ga - wa.
Begleitung

1. Singt und spielt das Lied.
2. Schaut euch für den Tanz an,
wie die Kinder ihre Hände halten.
Macht es ihnen nach.
Nun geht ihr zur Seite nach links.
Nach jedem Schritt wird das andere Bein
herangezogen. Nach zwölf Schritten wechselt
ihr die Richtung und geht vier Schritte nach rechts.
Dann beginnt der Tanz von vorne.

- Musik in Tanz umsetzen.
- Hey Ungawa wird als Eröffnungslied für Zusammenkünfte der Chumash (leben an der Nordwestküste Amerikas) verwendet.

So geht's: S. 61

Von Trommel- und anderen Klängen

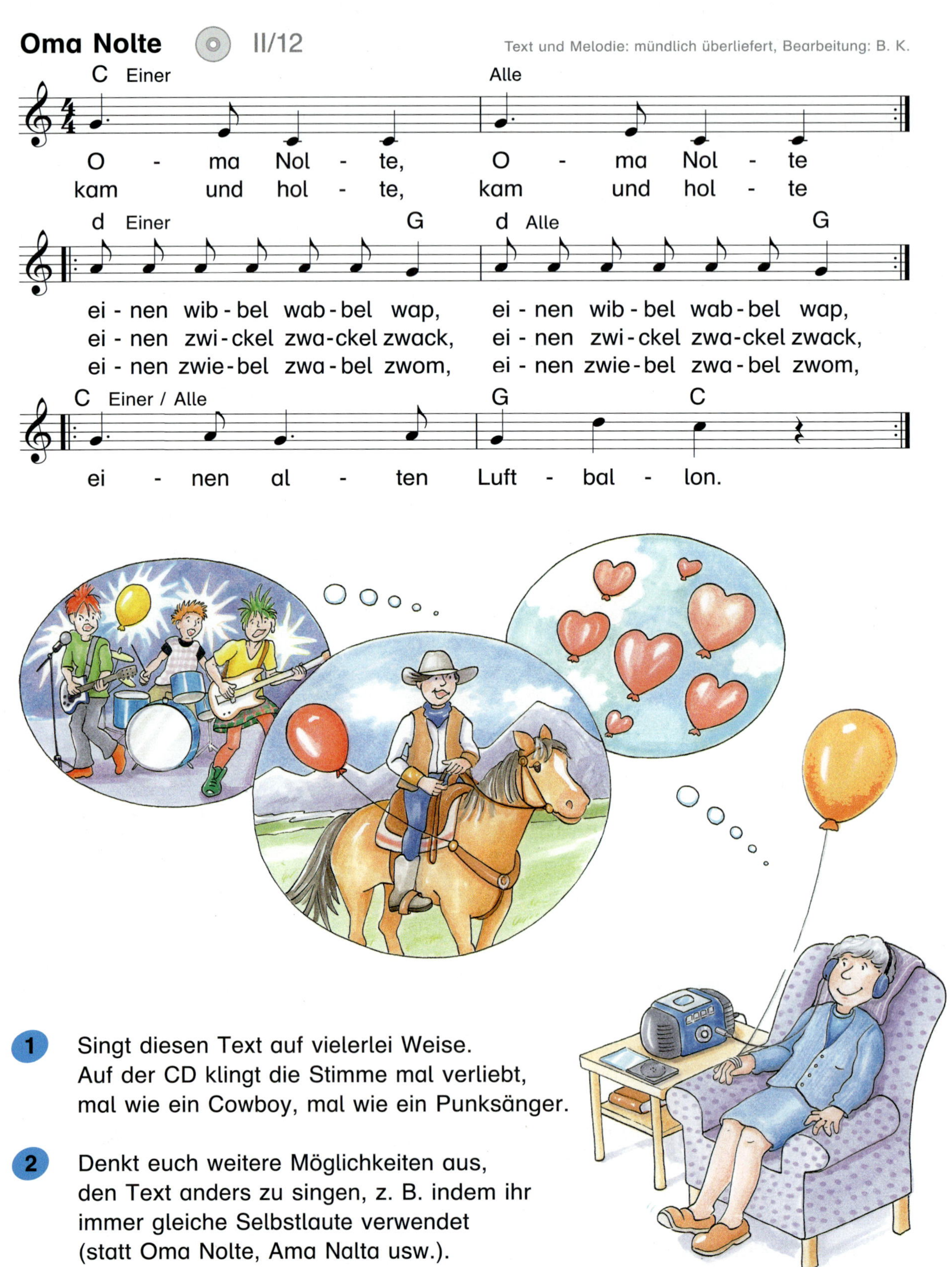
Oma Nolte
II/12
Text und Melodie: mündlich überliefert, Bearbeitung: B. K.
C Einer
Alle
O - ma Nol - te, O - ma Nol - te
kam und hol - te, kam und hol - te
d Einer G d Alle G
ei - nen wib - bel wab - bel wap, ei - nen wib - bel wab - bel wap,
ei - nen zwi - ckel zwa - ckel zwack, ei - nen zwi - ckel zwa - ckel zwack,
ei - nen zwie - bel zwa - bel zwom, ei - nen zwie - bel zwa - bel zwom,
C Einer / Alle G C
ei - nen al - ten Luft - bal - lon.

1 Singt diesen Text auf vielerlei Weise. Auf der CD klingt die Stimme mal verliebt, mal wie ein Cowboy, mal wie ein Punksänger.

2 Denkt euch weitere Möglichkeiten aus, den Text anders zu singen, z. B. indem ihr immer gleiche Selbstlaute verwendet (statt Oma Nolte, Ama Nalta usw.).

- Lied hören und nachsingen; Stimmlagen vergleichen.
- Lehrer singt zuerst, später übernimmt ein Kind; neue Textgestaltungen mit einer Idee verknüpfen, z. B.: „Ein Bär kommt um die Ecke und macht auch mit. Er brummt: ...“

So geht's: S. 55

Das schnelle Lied

II/13 – 14

Text und Melodie: Fredrik Vahle

D A7
1 Früh am Mor-gen weht ein Wind, so ein klei-ner fre-cher Wind,
D A7 D
früh am Mor-gen weht ein Wind, lang an un-serm Fens - ter.
G D G D A7 D
Sinn, sinn, sinn, sinn, guck doch mal, wie schnell ich bin!

2 Früh am Morgen – Ferdinand
kommt aus seinem Haus gerannt
und springt in sein großes, rotes
schnelles Superauto.
Brrm, brrm, brrm, brrm,
guck doch mal, wie schnell ich bin!

3 Früh am Morgen – Emma Nolte,
die Kartoffeln holen wollte,
tuckert mit dem Traktor los,
mit dem starken Traktor.
Butt, butt, butt, bum,
guck doch mal, wie stark ich bin!

4 Ferdinand kommt angebrummt
und fährt fast den Traktor um
und schimpft noch die Emma aus:
„Ach, du lahme Ente!“
Brrm, brrm, brrm, brrm,
guck doch mal, wie schnell ich bin!

5 Plötzlich ruft er: „Ach, du Sch...,
auf der Straße ist ja Eis!“
Und schon rutscht der Ferdinand
in den Straßengraben.
Sinn, sinn, sinn, sinn,
auweiowei, wie schnell ich bin!

6 Da kam grade Emma Nolte,
die Kartoffeln holen wollte.
Und sie sah den Ferdinand
drin im Straßengraben.
Brrm, brrm, brrm, brrm,
der sitzt in der Patsche drin.

7 Und die Emma hängte dann
das Auto an den Traktor dran:
Ferdinand, schau, was ich kann
mit meiner lahmen Ente.
Butt, butt, butt, bum,
guck doch mal, wie stark ich bin!

8 Und der kleine Wind, der lacht:
Das hat Emma gut gemacht!
Und weht weiter übers Land
bis nach Friedelhausen.
Sinn, sinn, sinn, sinn,
guck doch mal, wie schnell ich bin!

▶ Das Lied mal langsam, mal schnell singen. Langsam und schnell können auch in Wind-, Auto- und Traktor-Bewegungen zum Ausdruck kommen.
Auch die **Klangwörter** für Traktor, Auto und Wind ausdrucksstark singen.

So geht's: S. 55

Von Trommel- und anderen Klängen

Eine Erbse sagt zur andern  II/15–16

Text und Melodie: Margrit Küntzel-Hansen

F
Ei-ne Erb-se sagt zur an-dern: „Komm, wir wan-dern auf dem Weg!“

Komm, wir wandern auf dem Weg!

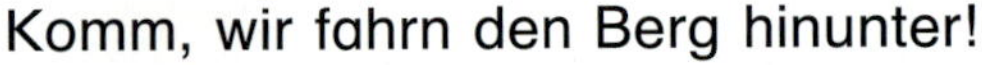

Komm, wir fahrn den Berg hinunter!

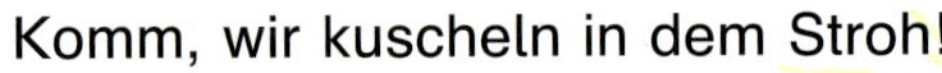

Komm, wir kuscheln in dem Stroh!

1. Wie klingen die Strophen? Ihr könnt ein Glockenspiel, andere Instrumente oder eure Stimme benutzen.

2. Denkt euch selbst neue Strophen aus und bringt sie zum Klingen. Nehmt eure Musik auf.

3. Wie sind die Töne des Glockenspiels in Klangzeichen aufgemalt? Malt eure eigenen Klangideen auch auf.

- Geschichten vertonen und notieren.
- Nacheinander gespielte Töne notiert man nebeneinander, die Notierung von tief nach hoch verläuft von unten nach oben; neue Strophen entwerfen und verklanglichen.

So geht's: S. 19

Ging ein Kind zum Brunnen

II/17–18

Text und Melodie: Margrit Küntzel-Hansen

1
Ging ein Kind zum Brun - nen, Brun-nen, der war leer.
Sagt das Kind: „Wo nehm ich nur das Was-ser her?“

2 Ging das Kind zum Bächlein, Bächlein, das war leer.
Sagt das Kind: „Wo nehm ich nur das Wasser her?“

3 Ging das Kind zum Ozean, Ozean war leer.
Sagt das Kind: „Wo nehm ich nur das Wasser her?“

4 Ging das Kind zum Wasserhahn, drehte kräftig auf.
Ei, da sprang das Wasser bis zum Krug hinauf.

5 Sprang bis zu dem Brunnen, Bächlein und zum Meer.
Sagt das Kind: „Wo nehm ich nur die Fischlein her?“

6 Fischlein kam geschwommen bis ins weite Meer.
Sagt das Kind: „Wo nehm ich nur die Schiffe her?“

7 Schifflein kam gefahren bis ins weite Meer.
Fuhr das Kind von dannen, kam nie wieder her.

1. Spielt die Melodie auf einem Glockenspiel oder auf der Blockflöte.

2. Gestaltet mit den Tönen e, g, a und c ein Meer aus Tönen.
Dazu spielt jeder leise diese Töne so, wie er es will.
Ihr könnt eure Musik auch aufnehmen und anhören.

- Melodiespiel einzelner Liedzeilen üben; Musik aufnehmen.
- Zur Begleitung auf Glockenspielen durch freies Spiel mit den Tönen **e**, **g**, **a**, **c** einen Klangteppich herstellen. Blockflöte kann die Melodie unterstützen.

So geht's: S. 25

Tierische Klänge und Bilder  II/19–20

Dann kommt ein gelber Tag
und
summmmmmmmmmmmmmm
wie eine Biene flieg ich rum.

Manchmal ist ein Tag ganz braun,
keiner von den bunten.
Ich mag nicht
aus den Augen schaun
und fühl mich
ganz
tief
unten.

1 Wie klingt das Bärenbild? Wie klingt das Bienenbild?
Versucht, mit eurer Stimme und mit allem, was klingt, die beiden Bilder zum Klingen zu bringen. Bewegt euch dabei, wie es zu den Bildern passt.

2 Malt selbst ein Bild in einem Farbton. Kann euer Bild auch klingen?

■ Bilder klanglich umsetzen; Klangfarben.

So geht's: S. 29

Jeder Tag hat eine Farbe

I/21 – 22

Text des Refrains: Dr. Seuss/B. K.
Text der Strophen: Dr. Seuss; Melodie: B. K.

Refrain
C F C
Je-der Tag hat ei - ne Far - be, je-der Tag, ja ge - nau!
F C G C
Man-che Ta - ge sind gelb, und man - che sind blau.

Rhythmisch gesprochen: Die Farbe ändert sich – und ich?

Sind die Tage rot wie Glut,
fühle ich mich richtig gut.
Wie ein Pferd werf ich die Hufe,
nehme spielend jede Stufe.

An rosa Tagen
geht's mir prächtig.
Stolzieren und springen
gefällt mir mächtig.

Ein grauer Tag – die Welt ist flau.
Nichts rührt sich,
nichts rührt mich – ich schau.

An schwarzen Tagen bin ich laut.
Ich knurre, heule, brülle,
dass es jedem graut.

Schluss
F C G7
Nach al - le - dem wird end - lich klar: Ich bin und blei - be,
C F C G7 C
wer ich war. Die Far-be än-dert sich, doch ich bleib ich.

3 Singt den Refrain. Am Ende spricht ein Kind rhythmisch: „Die Farbe ändert sich – und ich?" Nun sucht es sich eine Strophe aus, die es spricht. Am Ende der Durchläufe singen alle gemeinsam den Schluss.

4 Auch Musik hat viele Farben: **Klangfarben.**
Vertont die Strophen mit Klängen, die zum Inhalt passen.
Die anderen Kinder raten, welche Strophe gemeint ist.

- Bilder zu den Strophen malen.
- Klangfarben werden unterschiedlich wahrgenommen, daher gibt es keine richtigen oder falschen Antworten, sondern nur unterschiedliche Hörweisen.

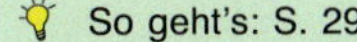

So geht's: S. 29
Fachwörter: S. 92

Der große und der kleine Bär II/23 – 24

Text und Melodie: Volker Rosin

D A D G D A D
1 Der gro - ße und der klei - ne Bär spa - ziern im Wal - de hin und her.
G fis e A
Der gro - ße Bär geht tap tap tap, der klei - ne Bär geht
D A D
tap tap tap, so klingt das un - ge - fähr.

2 Sie kommen an ein kleines Haus, das sieht schon sehr verfallen aus.
Der große Bär macht klopf klopf klopf, der kleine Bär macht klopf klopf klopf.
Wer kommt jetzt wohl heraus?

3 Heraus kommt eine alte Hex, die Uhr zeigt grade auf halb sechs.
Der große Bär hat gro ße Angst, der kleine Bär hat klei ne Angst.
Sie rennen durchs Gewächs.

4 Und später dann im Mondenschein, da schlafen beide friedlich ein.
Der große Bär schläft Chr Chr Chr, der kleine Bär schläft chr chr chr.
Sie sägen alles klein.

1. Unterscheidet die lauten und die leisen Töne mit der Stimme, in der Bewegung und mit Instrumenten. Die Instrumente könnt ihr passend zum Text aussuchen.

2. Dirigiert selbst eine Laut-und-leise-Musik. Jeder hat ein **Instrument** zur Verfügung. Ein **Dirigent** zeigt mit den Armen, wann laut (*f*) und wann leise (*p*) gespielt wird. Er kann auch einzelne Instrumente spielen lassen.

- Mit eigenen Lautstärkezeichen musizieren; forte (*f*), piano (*p*) kennenlernen.
- Laut und leise darstellen: 1: patschen, 2: gegen die Brust klopfen, 3: große und kleine Armbewegungen, 4: Schnarchgeräusche.

So geht's: S. 25
Fachwörter: S. 92

Das Bärenorchester  II/25–32

Text und Melodie: Klaus W. Hoffmann

G D G
1 Ein__ klei - ner Bär,__ der trom - mel - te al - lein, kam
C D G
ei - ner, der Gi - tar - re spiel-te, schon warn sie zu zwein.

2 Zwei kleine Bären,
die nahmen einen mit.
Der blies die Mundharmonika,
da warn sie zu dritt.

3 Drei kleine Bären,
die tranken Honigbier,
kam einer mit 'nem Saxofon,
da warn sie schon vier.

4 Vier kleine Bären,
die hatten sehr viel Spaß.
Als Fünfter kam ein kleiner Bär
mit einem Kontrabass.

5 Fünf kleine Bären,
die trafen unterwegs
'nen Bären, der die Flöte spielte,
und schon warn sie sechs.

6 Sechs kleine Bären
sind sechse nicht geblieben,
kam einer, der die Tuba blies,
da waren sie schon sieben.

7 Sieben kleine Bären,
die haben sich gedacht:
Noch einer fehlt und das bist du,
dann sind wir nämlich acht.

1. Singt das Lied und spielt es. Ein kleiner Bär fängt an zu laufen und macht dabei das Spielen der Trommel nach. Dann kommt der zweite Bär hinzu und so weiter.

2. Setzt Instrumente ein, die vorhanden sind. Ändert dann den Text des Liedes.

▶ Beispiel für Textänderung: 1. Strophe: „ ...kam einer, der die Rassel spielte", 2. Str.: „ ... auf einem langen Halm", 3. Str.: Xylofon, 4. Str.: Klangstab-Bass, 5. Str. Flöte, 6.Str. „das Klangholz schlägt".

So geht's: S. 25

Tiere

Wie Tiere klingen

II/33–36

möh
am – muu
ü – ür – ü
kukuriiiku
cock a'doodle doo
kukko kiekuu
hu hu hu
gaff gaff
hau hau
bow wow
cik cik
küi küi
tschik tschirik
piip piip

Türkei

Frankreich

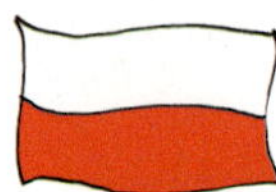

Russland

Großbritannien

Polen

Finnland

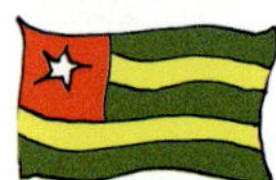

Togo

1. In jeder Sprache klingen Tierlaute anders. Hört euch die Beispiele für Tierlaute aus der Türkei, Frankreich und Großbritannien sowie Russland, Polen, Finnland und dem afrikanischen Land Togo an. Macht die Tiergeräusche nach.

2. Fügt die deutschen Tierlaute hinzu. Ihr könnt die Tiere dabei auch spielen.

3. Fragt Menschen, die eine zweite Sprache sprechen, nach Tierlauten.

- Stimmen imitieren.
- Aussprachen der Tierlaute hören und aufgrund des Höreindrucks die Imitation üben; Kind ahmt einen Tierlaut nach, die anderen finden heraus, welches Tier gemeint ist.

So geht's: Stimmtraining

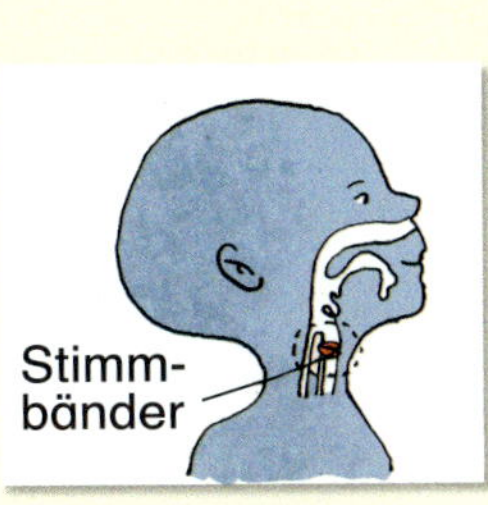
Stimm-
bänder

1 Unsere Stimmbänder sind Muskeln.
Man kann sie trainieren wie andere Muskeln auch.
Dann kann man viel besser singen.

2 Zum Aufwärmen recke und strecke ich mich.
Ich breite meine Arme aus und atme tief und ruhig in den Bauch ein und aus.

3 Zum Auflockern gähne ich und lasse meinen Unterkiefer locker hin- und herwackeln.

4 Ich mache Geräusche nach: die von Tieren oder von Verkehrsmitteln.
Das soll nicht langweilig klingen, sondern möglichst echt.

5 Ich probiere aus, was meine Stimme alles kann:
weit hinauf und hinab, leiser und lauter, dumpfe und helle Klänge.

- Stimmbildung: Haltung, Atmung, Öffnen der Resonanzräume.
- Seite mit allen besprechen, dann können Kinder allein, zu zweit oder in Gruppen die Folge umsetzen; am Ende führen alle ihre Geräuscheideen vor.

Peter und der Wolf  II/37 – 47

Jede Gestalt dieses Märchens
wird durch ein besonderes musikalisches **Motiv**
und durch ein besonderes Instrument dargestellt.

Der Vogel durch die Flöte,

die Ente durch die Oboe,

die Katze durch die Klarinette,

der Großvater
durch das Fagott,

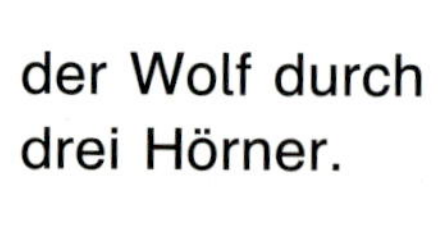

der Wolf durch
drei Hörner.

- Musikalische Details heraushören;
  Klangeigenschaften der Instrumente beschreiben.

Fachwörter: S. 93

Peter durch das Streichquartett,

Geige Bratsche Cello Kontrabass

die Gewehrschüsse durch Trommeln und Pauke.

Pauke

- Musikbeispiele den Bildern und Instrumenten zuordnen.
- Nachahmen, wie die Instrumente gehalten werden.

Eine Geschichte zum Hören und Spielen II/48 – 70

48 – 50

51

52

53

54
55

56

57 – 58

59

- Geschichte zu den Bildern erzählen; Geschichte mit eigenen Ideen verklanglichen; Geschichte mit diesen Klängen erzählen.
- ▶ Musikausschnitte aus dem Werk von Sergej Prokofjew den Bildern zuordnen.

60–61
62–63
64
65
66
67
68
69
70

- Geschichte zur Musik oder zur eigenen Verklanglichung selbst spielen; mit Körperinstrumenten und anderen Instrumenten an einigen Stellen mitspielen; selbst Musik zu den Figuren erfinden.

So geht's: S. 29

Ballett der Küken in ihren Eierschalen  II/71 – 75

Im **Grundschlag** hüpfen. 8-mal

Mit den Ellenbogen abwechselnd „gegen die Eierschalen“ schlagen. 16-mal

Gezielt „gegen die Schale drücken“ (mit „Flügelspitzen“ oder anderen Gliedmaßen). 8-mal

1. Hört euch die Musik an und stellt euch vor, wie die Küken in ihren Eierschalen tanzen. Tanzt selbst zur Musik.

2. Die Bilder zeigen euch einen Tanz, den ihr nachtanzen könnt.

3. Erfindet euren eigenen Tanz zu einem der drei Musikstücke.

Schlusston: „Mit dem Schnabel durch die Schale pieken“. 1-mal

- Tanzbeschreibungen zur Musik umsetzen; eigene Bewegungsgestaltung zur Musik entwickeln.
- Stück von Modest Mussorgsky anhören: Wie lässt die Musik die Küken tanzen?

! Fachwörter: S. 92

So geht's: Musik in Bewegung umsetzen

1 Ich höre mir das Musikstück von den Küken in ihren Eierschalen an. Dabei stelle ich mir vor, wie sich die Küken bewegen.

2 Das Stück höre ich noch einmal. Nun probiere ich Bewegungen zur Musik aus. Ich stelle mir dabei vor, dass ich ein Küken im Ei bin.

3 Ich wiederhole die Bewegungen, die mir am besten gefallen. Nun bringe ich sie in einen Ablauf. Den merke ich mir.

4 Anderen kann ich jetzt meine Ideen für Bewegungen zur Musik vorstellen. Vielleicht tanzen wir dann alle gemeinsam so, wie ich es vorgemacht habe.

- Musik in Bewegung umsetzen; eigene Bewegungsideen umsetzen.

Tanzlied der Fische  III/1 Text: Detlev Jöcker

Strophe

1 Der Fischetanz ist kinderleicht,
wenn alle fröhlich sind.
Gleich geht es los, weil in dem Kreis
der Fischetanz beginnt.

Refrain
Wir tauchen rechts hinein – gluck, gluck,
dann geht es links hinein – gluck, gluck,
dann drehen wir uns schnell im Kreis,
dabei wird uns so richtig heiß.
Dann nehmen wir ganz schnell – gluck, gluck,
'nen kühlen Meereswasserschluck.
Ja, das war fein,
so muss ein Fischetanz wohl sein.

rechts hinein

gluck, gluck

links hinein

gluck, gluck

Kreis

richtig heiß

Schluck

2 Den Fischetanz mag jeder gern,
egal, ob groß und klein,
ob dick und dünn, ob bunt und schwarz,
wir laden alle ein.
Refrain

3 Der Fischetanz für Jung und Alt
ist ein beliebter Hit.
Denn nicht nur Fische, auch die Menschen
machen gerne mit.
Refrain

Ja, das war fein, ...

1 Hört euch die Musik zum Fischetanz an.

2 Tanzt zur Musik. Die Strophen werden alle gleich getanzt, auch der Refrain.

- Musik in Bewegung umsetzen;
Musik mit Tanzformen in Verbindung bringen.

So geht's: S. 61

Im Ozean III/2–4

Delfine greifen einen Schwarm kleiner Fische an.

Eine Schildkröte gleitet durch das Wasser.

Seelöwen spielen am Strand. Plötzlich taucht ein Killerwal auf.

Der Film **Deep Blue**, das heißt **Tiefes Blau**, zeigt die Tierwelt in den Ozeanen unserer Erde. In dem Film wird kaum gesprochen. Fast durchgehend wird Musik gespielt, die zum Film komponiert wurde.

1. Hört euch die Musikbeispiele an und malt, was euch zu der Musik einfällt.
2. Hört euch die drei Musikausschnitte an und versucht, diese den Bildern zuzuordnen.
3. Ihr könnt auch eigene **Klangmusik** zum Thema **Wasser** erfinden und spielen.

- Musik in Bilder übertragen; Filmmusik kennenlernen.

! Fachwörter: S. 92

Der Maulwurf

III/5–7

Text und Melodie: Michael Frielinghaus;
Bearbeitung: B. K.

Refrain

C F C
Bud - del, bud - del, bud - del, bud - del, bud bum bum.

F 1. C
Bud - del, bud - del, bud - del, bud - del, bud.

2. Stabspiele/Echo Stabspiele/Echo
bud. **1** Der Maul - wurf, (der Maul - wurf) der Maul - wurf, (der
Maul - wurf) der Maul - wurf wirft 'nen Hü - gel auf__ und

F C Stabspiele
nennt sein' Hau - fen Hü - gel - haus; der Maul - wurf, (der

G7 C Stabspiele/Echo
Maul - wurf) der Maul - wurf, (der Maul - wurf)

Schlussteil der 6. Strophe (3-mal)

C F C G7 C
Bud - del, bud - del, bud - del, bud - del, Hams - ter. und das Lied ist aus.
Bud - del, bud - del, bud - del, bud - del, Wild - sau.
Bud - del, bud - del, bud - del, bud - del, Blatt - laus.

Buddel buddel buddel buddel

bud

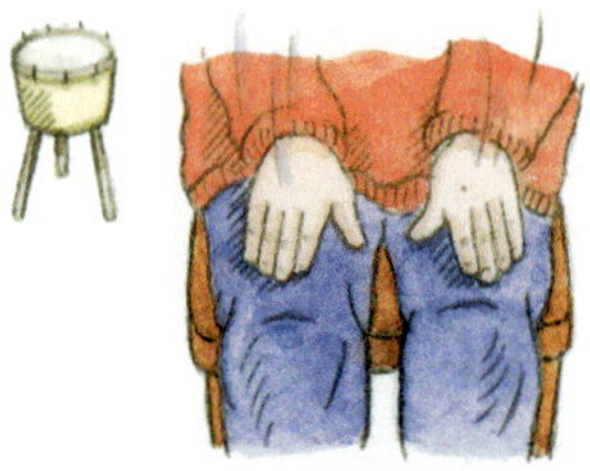

bum bum

- Zum Refrain spielen; Strophentext gestisch gestalten; Prinzip des Echos.
- Leise das Echo singen; ausdrucksvoll singen, z. B. die Blattlaus besonders leise, die Wildsau besonders laut.

Refrain

1 Der Maulwurf, der Maulwurf,
der Maulwurf wirft 'nen Hügel auf
und nennt sein' Haufen Hügelhaus,
der Maulwurf, der Maulwurf.

Refrain

2 Die Wühlmaus, die Wühlmaus,
die Wühlmaus wühlt sich durch den Dreck,
die Pfoten waschen hat kein Zweck,
die Wühlmaus, die Wühlmaus.

Refrain

3 Der Wühlklaus, der Wühlklaus,
der Wühlklaus wühlt im Baggermatsch,
da rutscht er aus: kladderaddatsch!
Der Wühlklaus, der Wühlklaus.

Refrain

4 Die Blattlaus, die Blattlaus,
die Blattlaus frisst nur Chlorophyll,
weshalb sie niemals buddeln will,
die Blattlaus, die Blattlaus.

Refrain

5 Die Wildsau, die Wildsau,
die Wildsau buddelt wie verrückt,
der Oberförster ist entzückt!
Die Wildsau, die Wildsau.

Refrain

6 Der Hamster, der Hamster,
der Hamster singt, so lang er will,
auch wenn der Maulwurf sagt: „Sei still,
du Hamster, du Hamster!"

Schluss:
Buddel, buddel, buddel, buddel, Hamster.
Buddel, buddel, buddel, buddel, Wildsau.
Buddel, buddel, buddel, buddel, Blattlaus,
und das Lied ist aus.

- Refrain mit körpereigenen Instrumenten und Schlaginstrumenten begleiten.
- Szenisches Spiel durch Darstellung der Tiere.

Der Regenwurm  III/8–9

Text: Michael Frielinghaus
Melodie: Michael Frielinghaus, Geoffrey Bastow

Heute ist Samstag. Ein schöner, sonniger Samstag im August.
Die Vögel singen. *Piep, piep!*
Die Bienen summen. *Summ, summ!*
Und die ganze Familie Müller ist draußen im Garten.
Martin Müller, der Vater, *Guten Tag!* repariert gerade das Gartentor.
Irmi Müller, die Mutter, *Guten Tag!* zupft Unkraut im Salatbeet.
Melanie Müller, die Kleinste, *Dlö, dlö, dlö.* liegt
an einem schattigen Plätzchen in ihrem Kinderkörbchen.
Und Christiane Müller, *Guten Tag!* Christiane sitzt –
wie soll es anders sein – mitten im Erdbeerbeet!
Da, plötzlich, große Aufregung im Erdbeerbeet!
Christiane springt mit einem Satz hoch und tanzt
begeistert von einem Bein aufs andere:

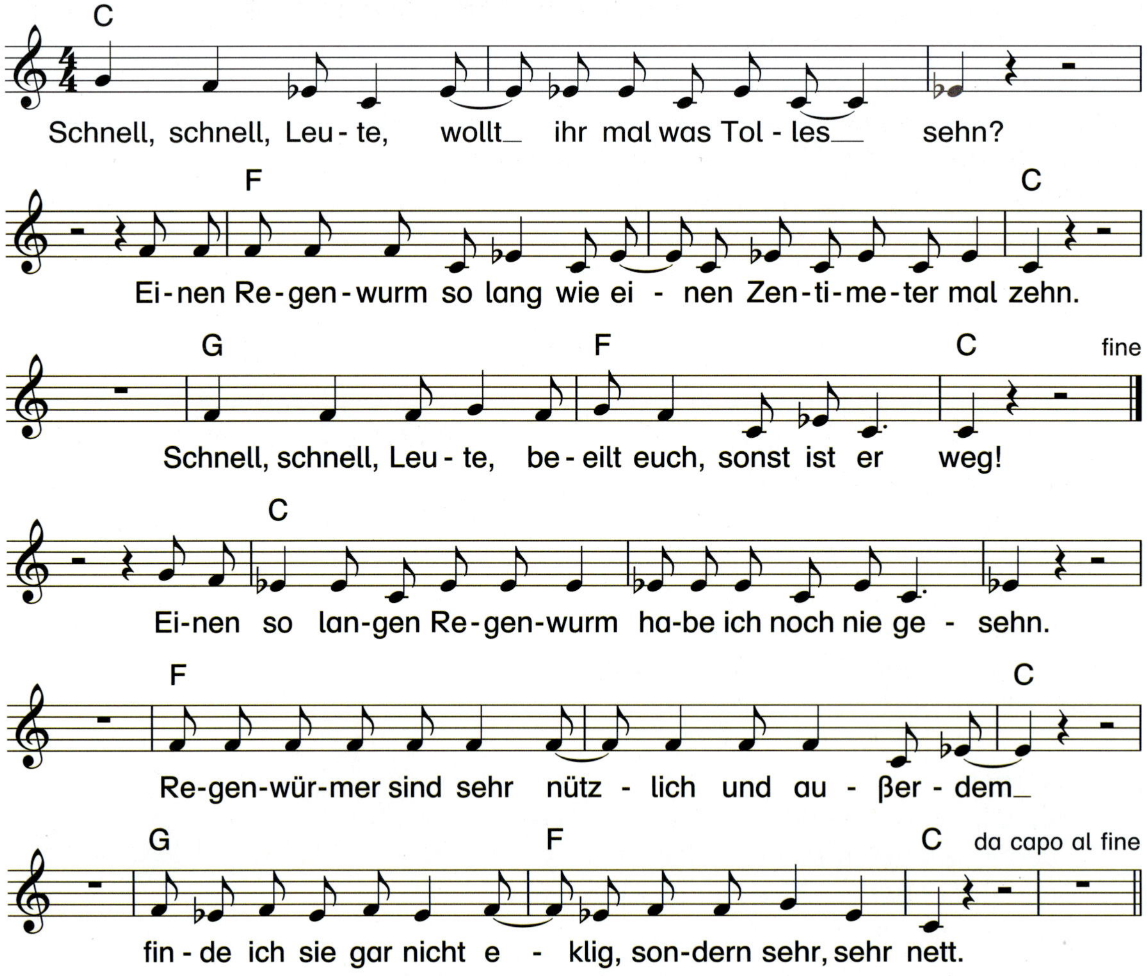

C
Schnell, schnell, Leu - te, wollt_ ihr mal was Tol - les_ sehn?

F C
Ei-nen Re-gen-wurm so lang wie ei - nen Zen-ti-me-ter mal zehn.

G F C fine
Schnell, schnell, Leu - te, be - eilt euch, sonst ist er weg!

C
Ei-nen so lan-gen Re-gen-wurm ha-be ich noch nie ge - sehn.

F C
Re-gen-wür-mer sind sehr nütz - lich und au - ßer - dem_

G F C da capo al fine
fin - de ich sie gar nicht e - klig, son-dern sehr, sehr nett.

- Singspiel entwickeln; Liedbegleitung auf Instrumenten.
- Spielszene umsetzen, dabei kann die eine Gruppe das Lied singen und die andere die Geräusche machen, z. B. piepen, hämmern, summen.

Papa Martin und Mama Irmi kamen natürlich sofort herbeigelaufen, um diese Sensation zu begutachten.
Papa Martin meinte: *Siehst du, der gräbt gerade für uns den Garten um.*
Und Mama Irmi meinte: *Der geht ja noch. Da gibt es noch viel längere.*
Und die kleine Melanie Müller im Körbchen meinte: *Dlö, dlö, dlö*.
Und Christiane tanzte Rock 'n' Roll.

Schnell, schnell, Leute ...

Ey, wo is' er denn jetzt?
Mensch, jetzt ist er weg,
der Wurm! He, Wurm!
Och Mensch – blöder Wurm!

Es war eine Mutter

III/10

Text und Melodie: mündlich überliefert

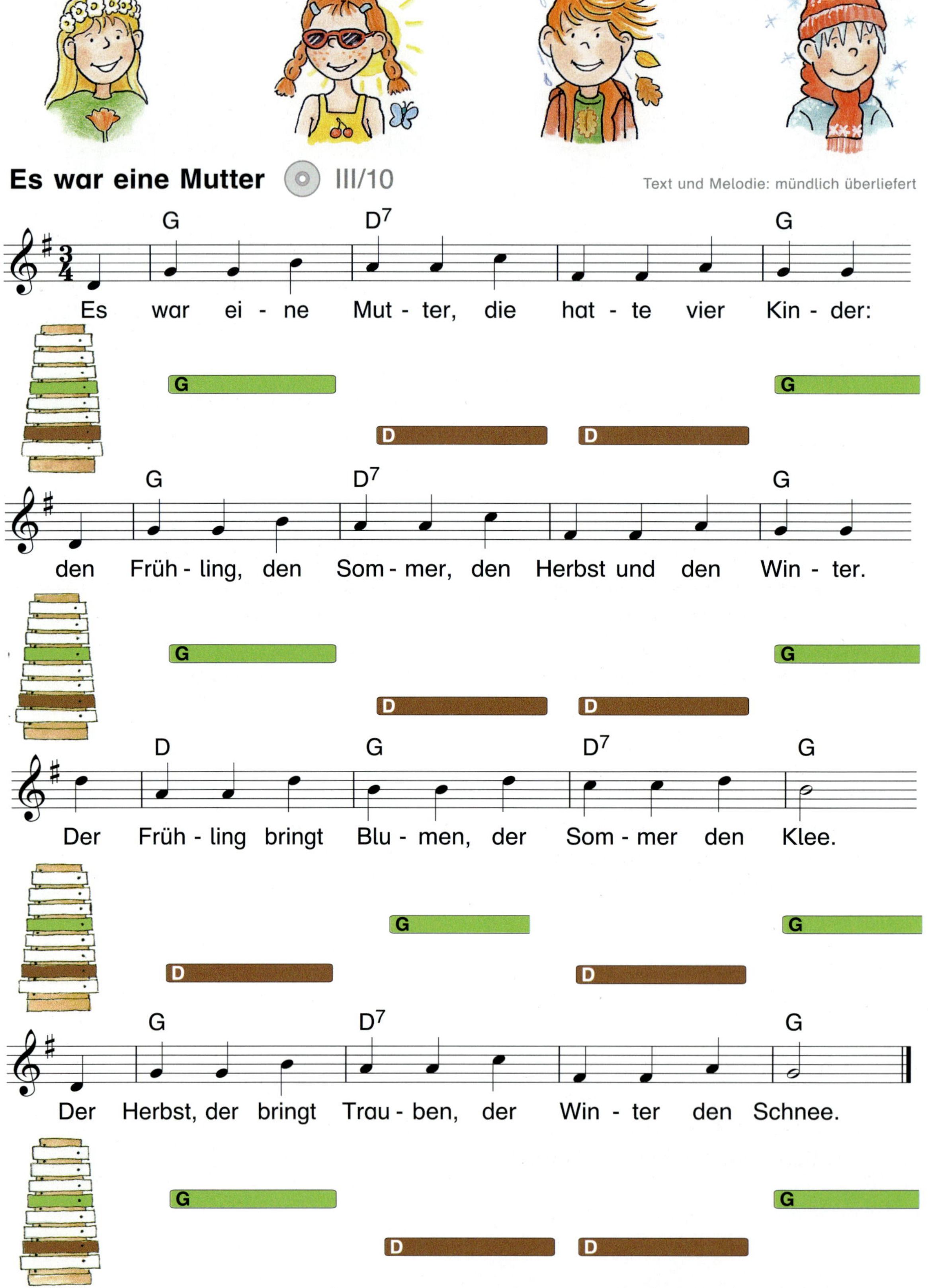
G
D7
G
Es war ei - ne Mut - ter, die hat - te vier Kin - der:
G
D
D
G
G
D7
G
den Früh - ling, den Som - mer, den Herbst und den Win - ter.
G
D
D
G
D
G
D7
G
Der Früh - ling bringt Blu - men, der Som - mer den Klee.
G
D
D
G
G
D7
G
Der Herbst, der bringt Trau - ben, der Win - ter den Schnee.
G
D
D
G

- Lieder zu Jahreszeiten.
- Grundton der Harmonie an jedem Taktanfang mitspielen.

So geht's: S. 25

Schmetterlinge tanzen

III/11 – 12 IV/16–17

Text und Melodie: Ulrike Meyerholz

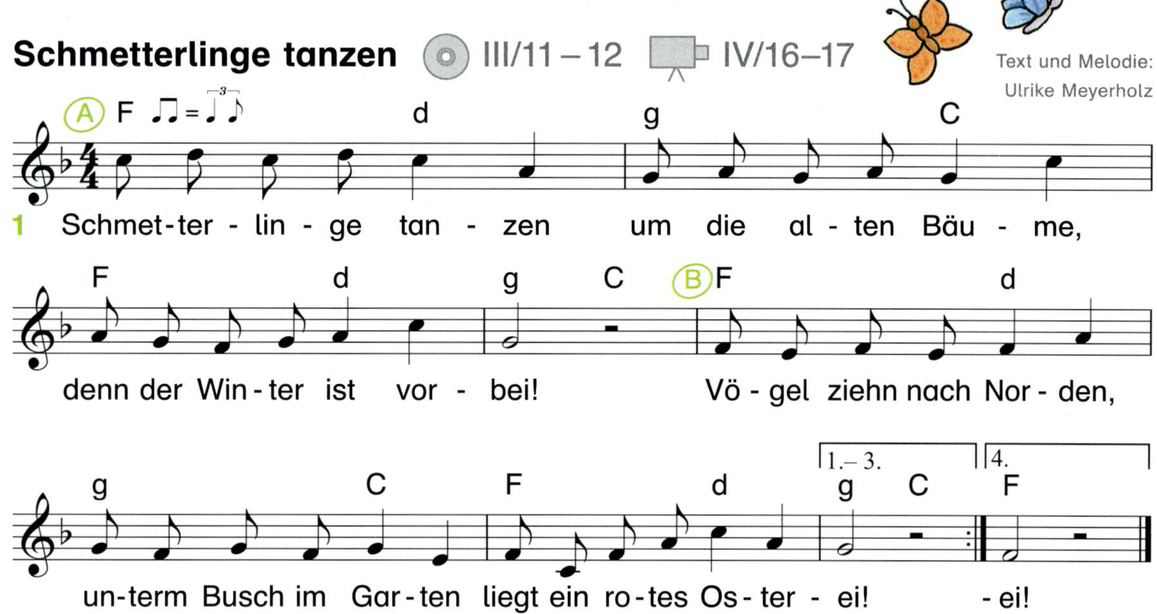

Ⓐ F d g C
1 Schmet-ter - lin - ge tan - zen um die al - ten Bäu - me,
F d g C Ⓑ F d
denn der Win - ter ist vor - bei! Vö - gel ziehn nach Nor - den,
1.– 3. 4.
g C F d g C F
un-term Busch im Gar - ten liegt ein ro - tes Os - ter - ei! - ei!

2 Ⓐ Vogelkinder flattern
um die alten Bäume,
denn der Frühling ist vorbei!
Ⓑ Alle sind im Schwimmbad,
alle freun sich auf die
Schoko-Nuss-Eis-Schleckerei.

3 Ⓐ Bunte Blätter tanzen
um die alten Bäume,
denn der Sommer ist vorbei!
Ⓑ Vögel ziehn nach Süden,
doch die Sonne wärmt noch
fast genauso wie im Mai.

4 Ⓐ Glitzerflocken tanzen
um die alten Bäume,
denn der Herbst ist längst vorbei.
Ⓑ Siebenschläfer schlafen
und ein Schneemann träumt von
winterweißer Zauberei.

Ⓐ

1 Stellt euch zu zweit auf.
Das eine Kind ist ein **Baum**.
Das andere Kind tanzt im Teil Ⓐ
um den nebenstehenden **Baum** herum.

Im Teil Ⓑ tanzt ihr als Paar
eingehakt herum.

Ⓑ

- Spiellied gestalten: Lied singen und dazu tanzen.
- Zu den Zwischenspielen auf der CD angefasst in Paaren herumgehen.

So geht's: S. 61

Has, Has, Osterhas

III/13 – 14

Text: Paula Dehmel
Melodie: Richard Rudolf Klein

F im Zusammenschlag · C · F

1 Has, Has, Os - ter - has, wir möch - ten nicht mehr war - ten.

Im Wechselschlag C · F · C

Der Kro - kus und das Tau - send - schön, Ver - giss - mein - nicht und

F · C im Zusammenschlag · F

Tul - pen stehn schon lang in un - serm Gar - ten.

2 Has, Has, Osterhas,
mit deinen bunten Eiern!
Der Star lugt aus dem Kasten raus.
Blühkätzchen sitzen um sein Haus.
Wann kommst du Frühling feiern?

3 Has, Has, Osterhas,
ich wünsche mir das Beste:
ein großes Ei, ein kleines Ei,
dazu ein lustig Dudeldei.
Alles in einem Neste.

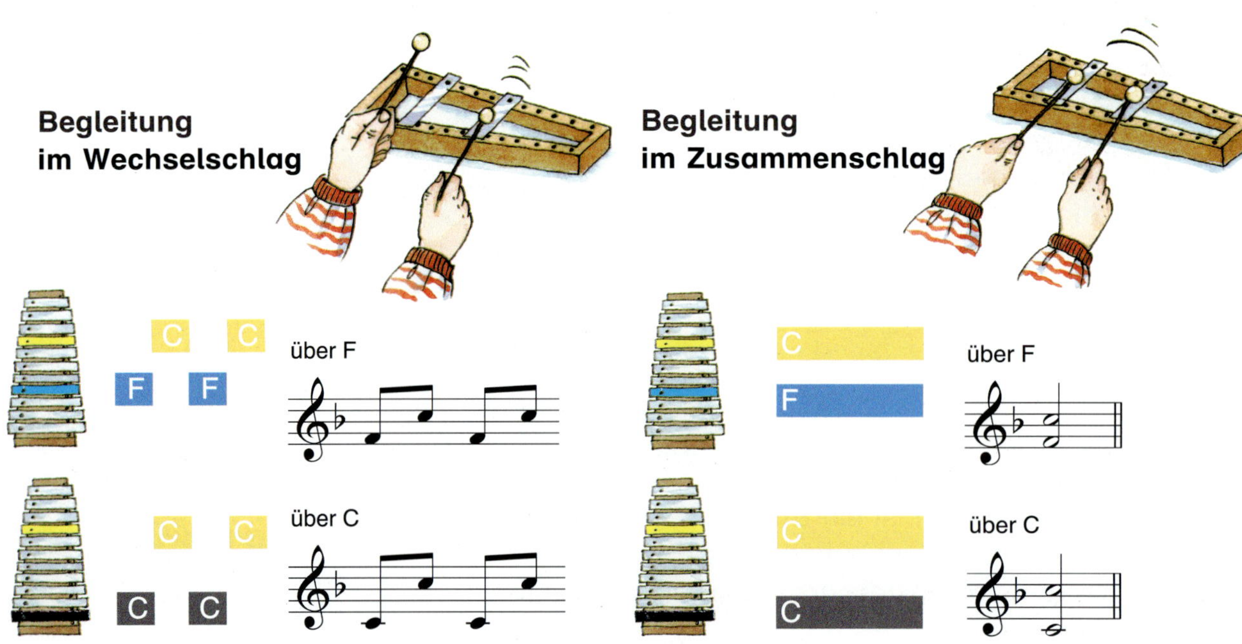
Begleitung
im Wechselschlag
Begleitung
im Zusammenschlag
C
C
F
F
über F
C
C
C
C
über C
C
F
über F
C
C
über C

1 Begleitet das Lied im Zusammenschlag und im Wechselschlag.

▶ Lieder singen und begleiten. Blumen und Vogel den Bildern zuordnen; die Frage fantasievoll beantworten, was das Dideldumdei sein könnte; auf Stabspielen mit der linken Hand abwechselnd die Töne F und C spielen.

So geht's: S. 61
Fachwörter: S. 94

Ein Osterlied selbst erfinden  III/15–16

Was Nina und Leo auf der Ostereiersuche in Onkel Karls Garten finden

Eine kleine, braune Schnecke
hinten in der Brombeerhecke.
Eine bunte Vogelfeder,
einen Jackenknopf aus Leder.
Opas alte Badehose,
eine leere Limo-Dose,
eine Kröte unterm Strauch,
Klammern hinterm Gartenschlauch.
Einen alten Kellerschlüssel
und 'ne rote Plastikschüssel.
Wo sind bloß die Ostereier?
Weiß der Geier!
Ach, Mensch Meier!

Rosemarie Künzler-Behncke

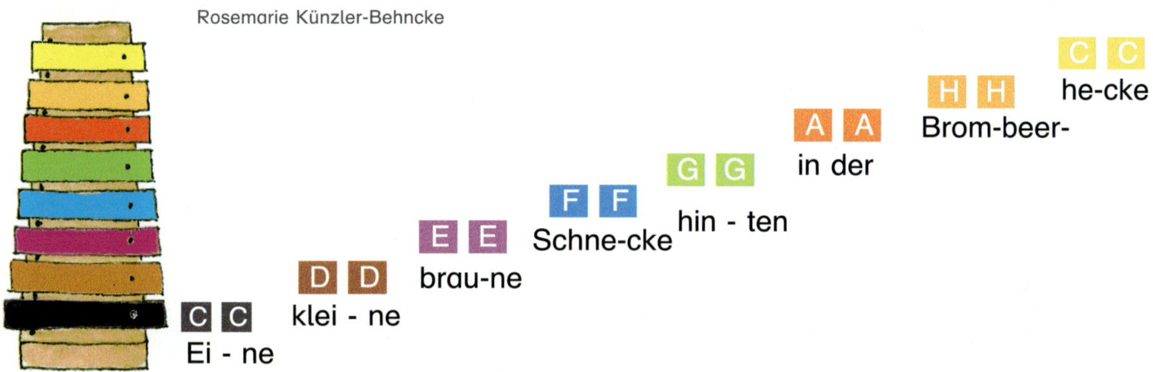
C C
Ei - ne
D D
klei - ne
E E
brau-ne
F F
Schne-cke
G G
hin - ten
A A
in der
H H
Brom-beer-
C C
he-cke

O - pas al - te Ba - de - ho - se

1 Aus diesem Gedicht könnt ihr ein Lied machen. Singt die ersten beiden Zeilen wie vorgeschlagen. Es wird sich dabei eine Melodie ergeben. Wiederholt diese, bis ihr sie euch merken könnt.

2 So könnt ihr eine Melodie entstehen lassen:
- Sprecht die ersten beiden Zeilen immer wieder.
- Lasst beim rhythmischen Sprechen eine Melodie entstehen. So könnt ihr es mit jeder Gedichtzeile machen.

- Gedichte vertonen und notieren.
- Notierte Zeilen aus dem Gedichttext übernehmen; die letzten beiden Zeilen können gesprochen werden.

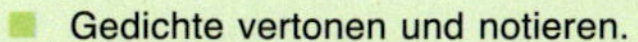

So geht's: S. 29

Immer wieder kommt ein neuer Frühling

III/17–18

Text und Melodie: Rolf Zuckowski

Refrain
D A D
Im - mer wie - der kommt ein neu - er Früh - ling,
Im - mer wie - der bringt er neu - e Blu - men,
A D fine
im - mer wie - der kommt ein neu - er März.
im - mer wie - der Licht in un - ser Herz.
A D A7 D G D A D da capo al fine
1 Ho-kus-po-kus steckt der Kro-kus sei-ne Na-se schon ans Licht.
Refrain
Strophen 1 2 3 4 5

■ Mit Liedern kommunikativ umgehen; einfache Liedprinzipien kennenlernen: Begriffe **Refrain** (erkennbar an der sich wiederholenden Zeichnung und den immer gleichen Tanzschritten) und **Strophe** einführen.

! Fachwörter: S. 93, 94

Refrain
Immer wieder kommt ein neuer Frühling,
immer wieder kommt ein neuer März.
Immer wieder bringt er neue Blumen,
immer wieder Licht in unser Herz.

1 Hokuspokus steckt der Krokus
seine Nase schon ans Licht.

Refrain

2 Auch das Häschen steckt sein Näschen
frech heraus aus seinem Bau.

Refrain

3 Still und leise hat die Meise
sich ein neues Nest gebaut.

Refrain

4 Auch die Schlange freut sich lange
schon auf ihre neue Haut.

Refrain

5 Und die Sonne strahlt voll Wonne,
denn der Winter ist vorbei.

Refrain

1. Singt das Lied und tanzt dazu.
Im Refrain tanzt ihr immer dasselbe.
In den Strophen könnt ihr darstellen,
was passiert.

2. Welche Bilder passen zum Refrain
und welche zur Strophe?

3. Erkläre den Unterschied
zwischen Refrain und Strophe.

▶ Beim Refrain (Takt 1–4) im Kreis laufen, nach rechts beginnen, bei **März** stehen bleiben und die Tanzrichtung wechseln (Takt 1–4, Wiederholung). Während der Strophe (Takt 5–8) zum Inhalt passende Bewegungen ausführen.

So geht's: S. 61

Was spielst du im Sommer? III/19

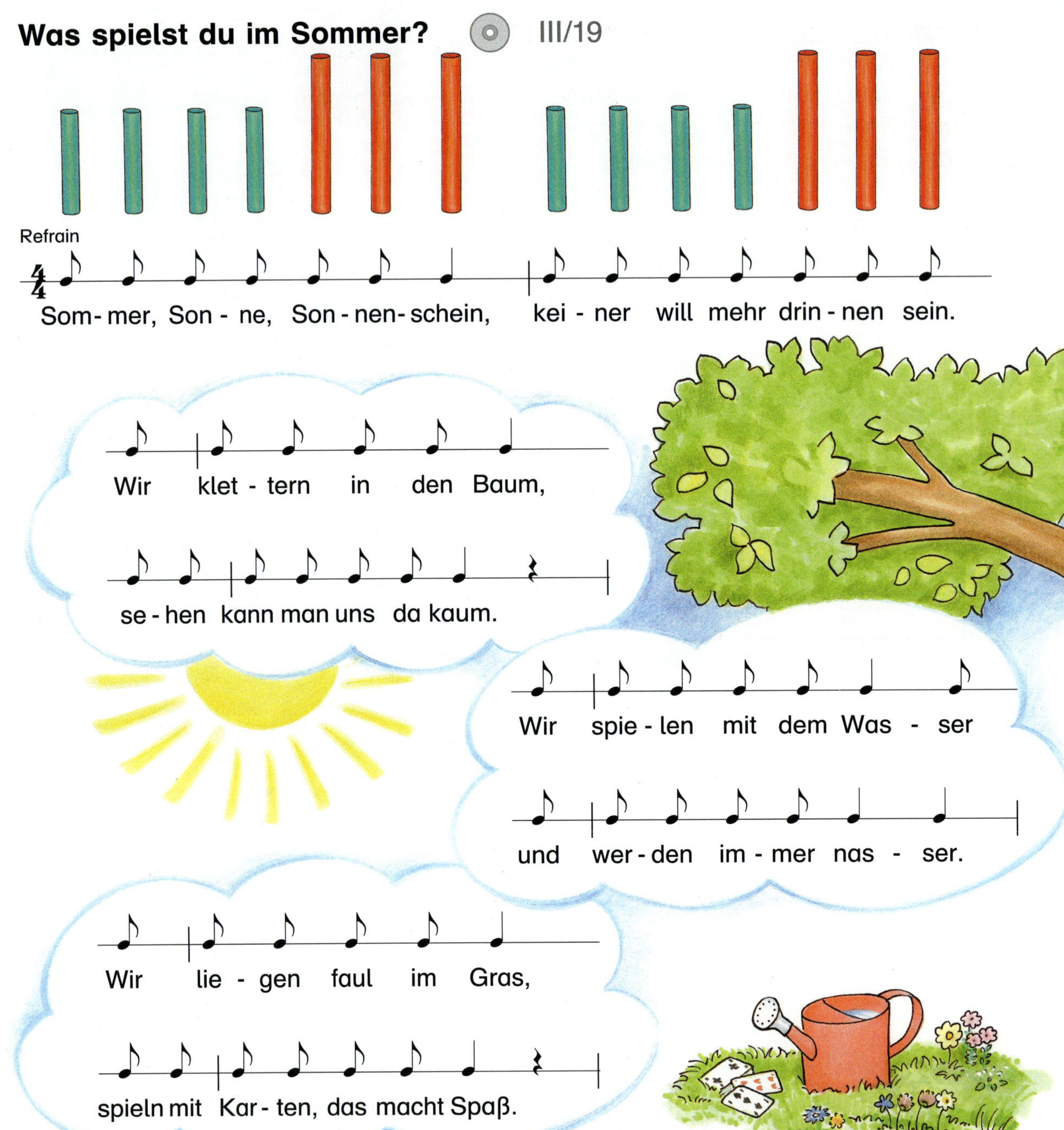
Refrain
Som-mer, Son - ne, Son - nen-schein, kei - ner will mehr drin - nen sein.
Wir klet - tern in den Baum,
se - hen kann man uns da kaum.
Wir spie - len mit dem Was - ser
und wer - den im - mer nas - ser.
Wir lie - gen faul im Gras,
spieln mit Kar - ten, das macht Spaß.

1. Spielt im Refrain mit Boomwhackern oder auf Stabspielen.
2. Sucht euch eine Strophe aus, die zu euch passt.
   Begleitet dann euer rhythmisches Sprechen mit Rhythmusinstrumenten.
3. Denkt euch neue Strophen über eure Sommerspiele aus.

■ Sprechgesang mit Rhythmusinstrumenten begleiten.

Sommerwetter – ein Rhythmical III/20

Kanon

1.
Die Son - ne scheint, der Re - gen fällt, ein Re - gen - bo - gen.
2.
Da, ein Ge-wit- ter! Don-ner-rum-peln, Don-ner-rum-peln, Don-ner-rum-peln, Blitz!
12-mal
3.
Ein Sturm kommt auf, schnell ins Haus!
Was seh ich durch die Wol - ken?

- Rhythmischen Sprechgesang mit Körperinstrumenten begleiten; sich zum rhythmischen Sprechgesang bewegen.

Sieben kunterbunte Drachen

III/21 – 23

Text: Frigga Schnelle
Melodie: Friedrich Neumann

D e G A
1 Sie-ben kun-ter - bun - te Dra-chen wol-len ei - ne Rei - se ma-chen.
D e 1.–3. G
Al - les mal von o - ben sehn, Dra - chen flie - gen
A 4. G A D
wun - der-schön. holt sie aus dem Dra-chen - land.

2 Herbstwind trägt sie hoch hinaus,
gelb, rot, blau, so sehn sie aus.
Schleifen auf dem Drachenschwanz,
drehen sich zum Drachentanz.

3 Sieben kunterbunte Drachen
siehst du dort am Himmel lachen.
Schweben in die Wolken rein,
suchen nach dem Sonnenschein.

4 Drachen flattern übers Feld,
grenzenlos ist ihre Welt.
Nur die Schnur in Kinderhand
holt sie aus dem Drachenland.

1 Singt das Lied.
Ihr könnt es mit vier Tönen begleiten.

2 Hört die Musik und tanzt dazu.

Begleitung

1.–3. 4.
D e G A A D

- Musik in Bewegung umsetzen; nach Notation musizieren.
- Sich anfangs ruhig, dann temperamentvoller bewegen; ansonsten freie Tanzgestaltung. Zur 3. und 4. Strophe in Vierteln oder Achteln spielen.

So geht's: S. 25, 61

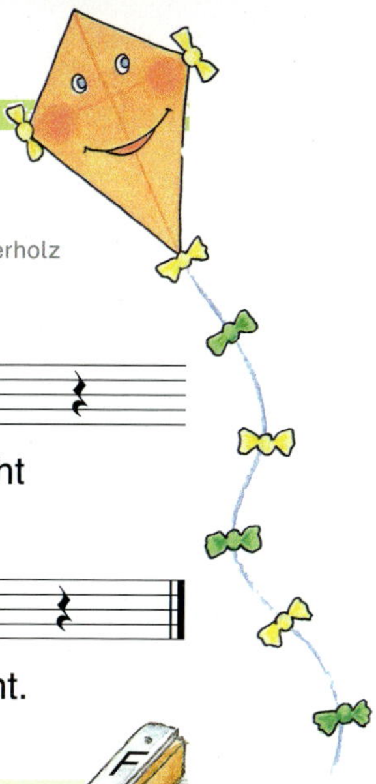

Wir tanzen im Winde III/24–25

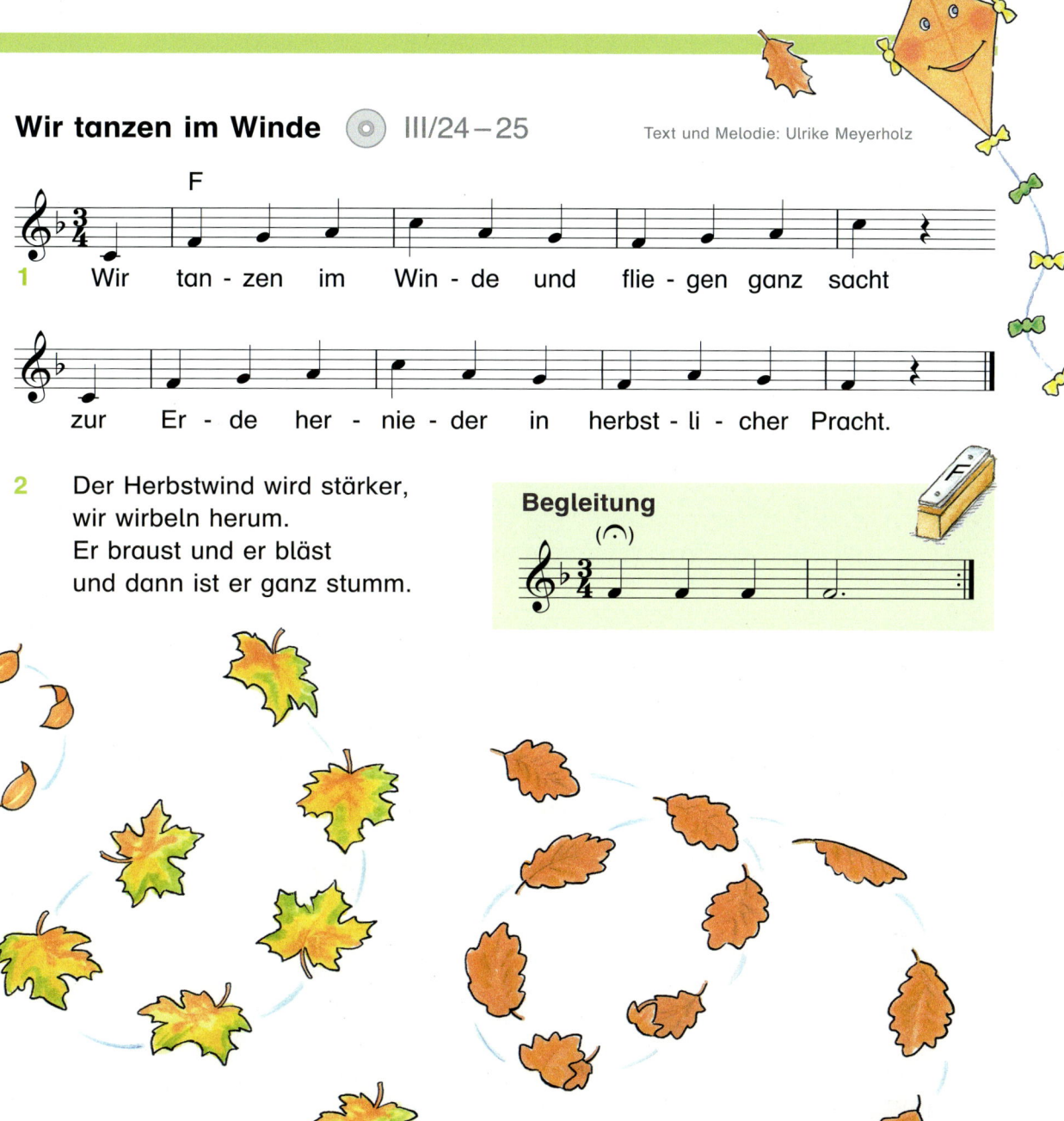

Text und Melodie: Ulrike Meyerholz

F

1 Wir tan - zen im Win - de und flie - gen ganz sacht

zur Er - de her - nie - der in herbst - li - cher Pracht.

2 Der Herbstwind wird stärker,
wir wirbeln herum.
Er braust und er bläst
und dann ist er ganz stumm.

Begleitung

1. Tanzt wie die Blätter im Wind.
2. Macht unterschiedliche Windgeräusche mit eurer Stimme.
3. Hört euch die Musik an. III/26
   Malt den starken Wind,
   den die Musik hörbar macht.
   Euer Ohr führt eure Hand.

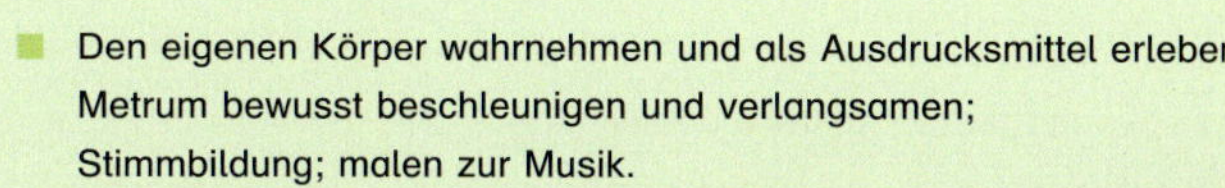

Den eigenen Körper wahrnehmen und als Ausdrucksmittel erleben; Metrum bewusst beschleunigen und verlangsamen; Stimmbildung; malen zur Musik.

So geht's: S. 55, 61
Fachwörter: S. 93, 94

Der kleine Trommler

III/27 – 28

Text: W. Hausmannn, A. Schwarzmann, J. Jorge
Musik: K. Davis, H. Onorati, H. Simeone

1 Durch die stil - le Nacht, pa ra pa pa pam,
da ging ein klei - ner Jun - ge, ra pa pa pam,
hielt sei - ne Spiel-zeug-trom-mel in der Hand,
wollt' zu dem Stal - le, wo die Wie - ge stand, ra pa pa pam,
ra pa pa pam. Und die Trom - mel klang, pa
ra pa pa pam, durch das Land.

2 Liebes Christuskind, pa ra pa pa pam,
bin nur ein kleiner Junge, ra pa pa pam,
wo alte Könige mit Gaben stehn,
lässt man vielleicht mich gar nicht zu dir gehn,
hab ja kein Geld, hab ja kein Geld.
Kann nur trommeln für dich, ra pa pa pam,
wenn's dir gefällt.

3 Und vom Himmel hoch, pa ra pa pa pam,
da kam ein Stern herab, pa ra pa pa pam,
der führte ihn die stillen Straßen entlang
und seine kleine Trommel klang und sang,
ra pa pa pam, ra pa pa pam,
dass zum Heil der Welt, pa ra pa pa pam,
Christus kam.

- Lieder zur Jahreszeit.
- Mit Trommeln an den entsprechenden Textstellen mitspielen; während des Singens und Trommelns ist auch szenisches Spiel möglich.

Joseph, lieber Joseph mein  III/29

Text und Musik: mündlich überliefert

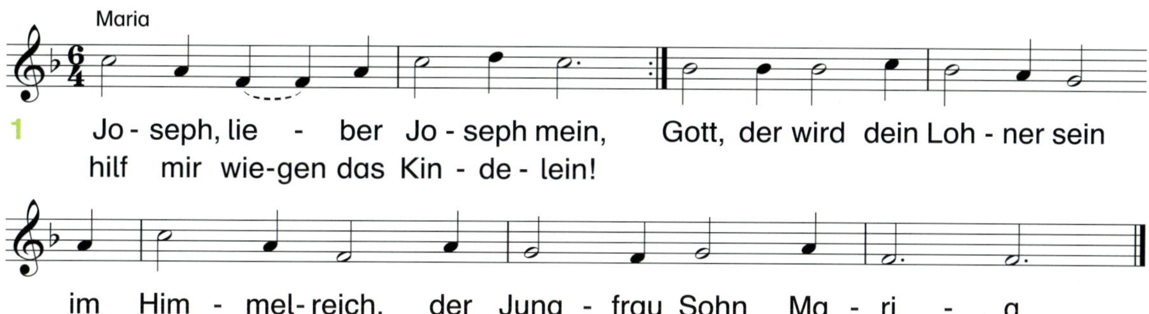
Maria
1 Jo - seph, lie - ber Jo - seph mein, Gott, der wird dein Loh - ner sein
hilf mir wie-gen das Kin - de - lein!
im Him - mel- reich, der Jung - frau Sohn Ma - ri - a.

Joseph

2 Gerne, liebe Maria mein,
helf ich dir wiegen das Kindelein.
Gott, der wird mein Lohner sein
im Himmelreich,
der Jungfrau Sohn Maria.

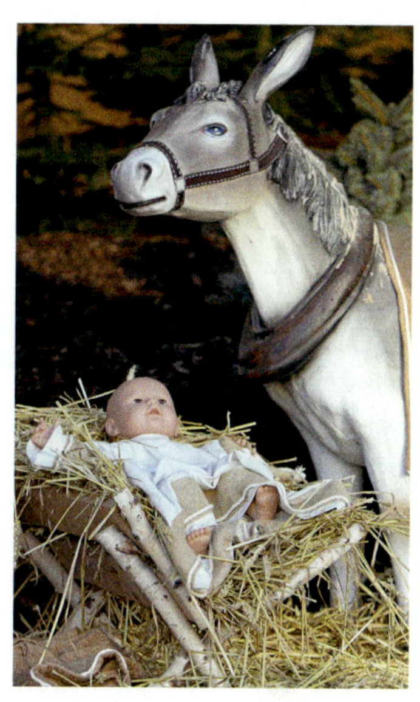

Vor ungefähr 700 Jahren entstand der Brauch des Kindelwiegens. In der Vorweihnachtszeit wurde ein Christkind aus Wachs oder Holz hübsch angezogen in eine Wiege gelegt. Diese Krippe stand vor einem Altar in der Kirche. Kinder wiegten das Christkind, tanzten und sangen dazu. So alt wie dieser Brauch ist auch das Lied **Joseph, lieber Joseph mein**, welches gern zu dem Wiegen gesungen wurde.

Bordun ist die Bezeichnung für eine musikalische Begleitung mit nur einem tiefen, lang ausgehaltenen Ton. Wenn zu diesem Bordun-Ton im gleichmäßigen Wechsel andere Töne gespielt werden, nennt man das einen **schweifenden Bordun**.

Bordun

schweifender Bordun

1 Spielt die Szene, während ihr das Lied singt:
Maria singt die erste Strophe, **Joseph** die zweite.

2 Begleitet das Lied auf Klangstäben.
Ihr könnt dazu auch einen schweifenden Bordun spielen.

- Lied mit Bordun begleiten; szenisches Spiel.
- Die Kinder bringen zum Spiel eine Puppe mit, die sie schön anziehen und in eine Wiege oder ein Körbchen legen können.

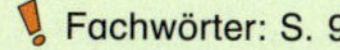

Fachwörter: S. 92

Wisst ihr, was die Frösche am Weihnachtsabend machen?

III/30–37
Text und Melodie: Volker Rosin
G a D G
1 Wisst ihr, was die Frö-sche am Weih-nachts-a-bend ma-chen? Sie
e a Fis7 H
zie-hen sich 'nen An-zug an und fan-gen dann zu sin-gen an:
Refrain
e a H7 e
Quak, quak, quak, quak, quak, quak, quak, quak, quak, quak, quak, quak.

Den Refrain spielen

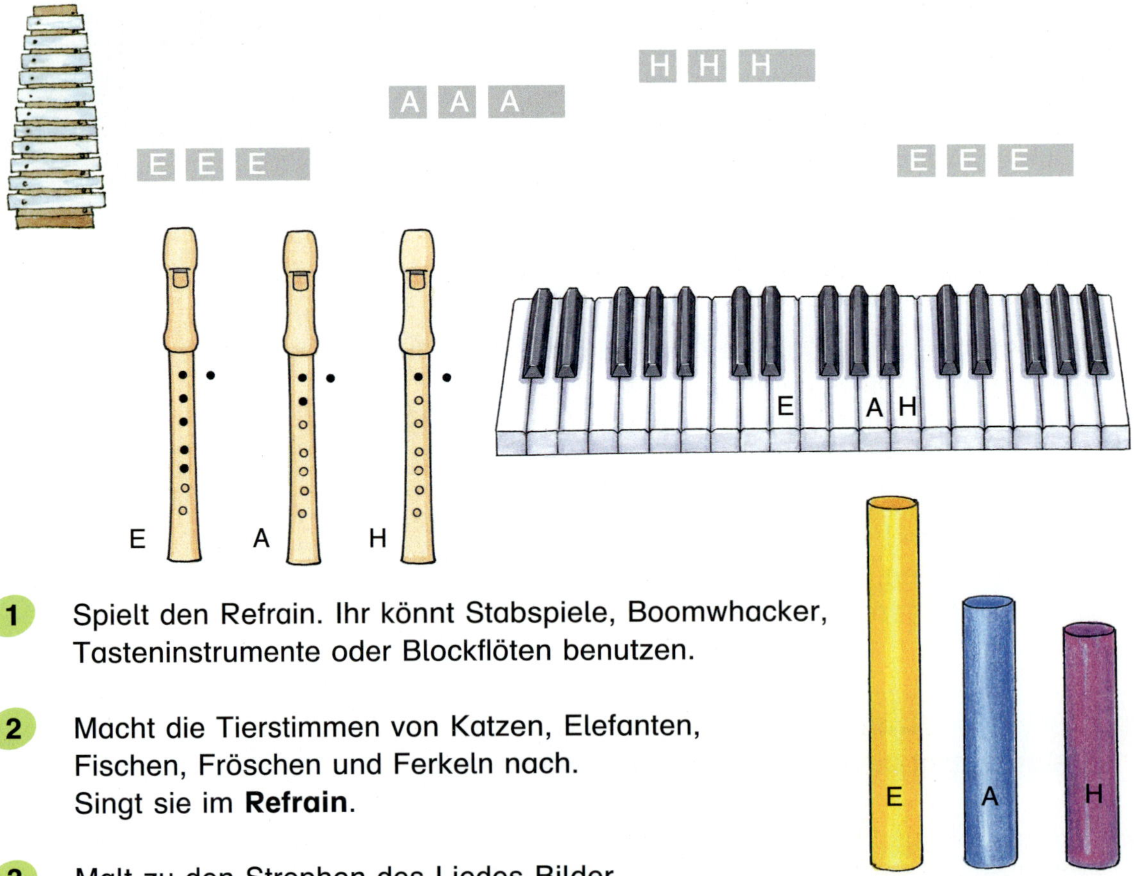

E E E A A A H H H E E E

E A H

E A H

E A H

1 Spielt den Refrain. Ihr könnt Stabspiele, Boomwhacker, Tasteninstrumente oder Blockflöten benutzen.

2 Macht die Tierstimmen von Katzen, Elefanten, Fischen, Fröschen und Ferkeln nach. Singt sie im **Refrain**.

3 Malt zu den Strophen des Liedes Bilder.

▶ Melodie des Refrains auf Stabspielen spielen.
Die originalen Tierstimmen anhören und imitieren, diese in freier Gestaltung zum auf Stabspiel gespielten Refrain einsetzen.

Fachwörter: S. 93

1 Wisst ihr, was die Frösche
am Weihnachtsabend machen?
Sie ziehen sich 'nen Anzug an
und fangen dann zu singen an:
Quak, quak, quak ...

2 Wisst ihr, was die Katzen
am Weihnachtsabend machen?
Sie sehen weiße Flocken
und wolln am Ofen hocken.
Miau, miau, miau ...

3 Und die Elefanten,
die feiern bei den Tanten.
Sie essen aus der Schüssel,
trompeten mit dem Rüssel:
Täterätätä ...

4 Wisst ihr, was die Fische
am Weihnachtsabend machen?
Sie schwimmen auf und nieder
und blubbern Weihnachtslieder.
Blubb, blubb, blubb ...

5 Wisst ihr, was die Ferkel
am Weihnachtsabend machen?
Sie wälzen sich im Mist!
Ob das wohl lustig ist?
Oink, oink, oink ...
grunz, grunz, grunz.

■ Bilder zu den Strophen malen; Spiele mit der Stimme; einfache Liedbegleitung.

Eine musikalische Schlittenfahrt  III/38

In der **Musikalischen Schlittenfahrt** von Leopold Mozart wird musikalisch dargestellt, wie Pferde gleichmäßig traben. Dabei bimmeln die Glocken, die am Zaumzeug der Pferde hängen, bei jedem Schritt. Zum Nachahmen dieses Schlittengeräusches gibt es richtige Schlittenglocken. Man kann aber auch ein Schellenband, einen Schellenkranz, einen Glockenkranz oder einen Schellenring verwenden.

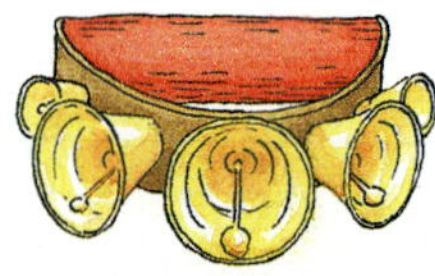

Glockenkranz

Schellenband

Schellenkranz

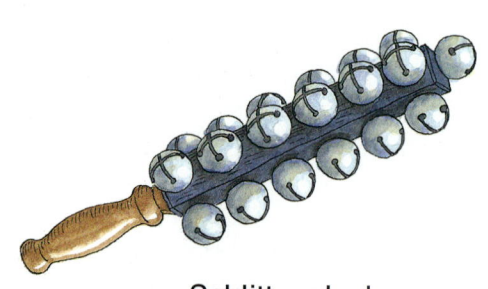

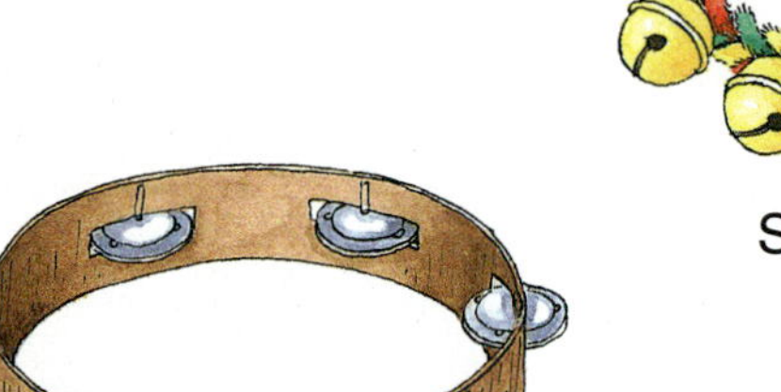

Schellenring

Schlittenglocken

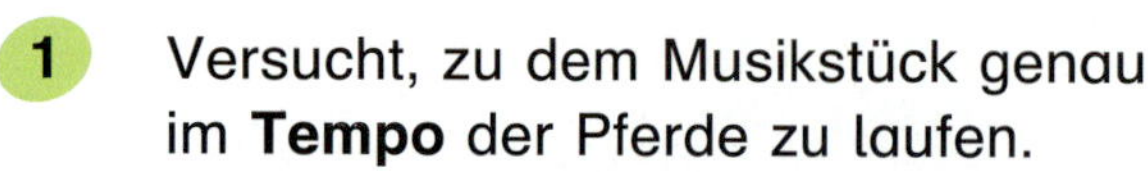

1. Versucht, zu dem Musikstück genau im **Tempo** der Pferde zu laufen.

2. Klatscht oder spielt gleichmäßig auf euren Instrumenten zum Musikbeispiel.

- Begriff **Grundschlag** zum Laufen und Mitspielen einführen; zur Musik eigene Lauffiguren ausdenken; zum Hörstück mit Rhythmusinstrumenten mitspielen.

So geht's: S. 61
Fachwörter: S. 94

Der Geiger und **Komponist** Leopold Mozart (1719–1787) lebte vor etwa 300 Jahren. Er war Vater, Schullehrer und Geigenlehrer des berühmten Komponisten Wolfgang Amadeus Mozart.
Immer wenn Wolfgang und seine Schwester Nannerl mit ihm auf Reisen waren, unterrichtete der Vater seine Kinder selbst.
Seine **Musikalische Schlittenfahrt** wurde das erste Mal in Augsburg aufgeführt. Dort hatte eine große Schlittenfahrt im Jahr vor dem Konzert stattgefunden.

3 Beschreibt, was ihr auf dem Bild oben seht.

4 Überlegt euch selbst Figuren, in denen ihr zur Musik lauft.

! Fachwörter: S. 93

Singspiel

Opa hat Geburtstag  III/39–46

Szenen nach einer Idee von Britta Hamann

Mitwirkende

Bert

Erna

Mutter

Opa

Oma

Rechenkünstler

Schauspieltruppe

Fitness-Tänzer

Chor und Tänzer

- Singspiel musikalisch und szenisch umsetzen.

1. Szene: **Zu Hause**

Opa hat Geburtstag – die beiden Enkel Erna und Bert wissen nicht, was sie ihm schenken sollen. Schließlich haben sie eine Idee: Sie geben eine Party für Opa und dazu laden sie ihre ganze Klasse ein – denn jeder soll etwas vorführen. Opa bekommt eine Geburtstagsshow!

Erna: *(sitzt an einem Tisch, ihr gegenüber sitzt Bert)* Och, manno, was sollen wir Opa bloß schenken? In fünf Tagen hat er Geburtstag!

Bert: *(stöhnt)* So was Dummes! Unsere Sparschweine sind leer. Kaufen können wir nichts.

Mama: *(kommt ins Zimmer)* Na, was schenkt ihr Opa zum Geburtstag?

Erna und Bert: Keine Ahnung! *(sie zucken mit den Schultern)*

Mutter: Wie wäre es mit einem großen Bild, das ihr zusammen malt?

Erna: Wie langweilig!

Bert: Davon hat Opa schon ganz viele.

Mutter: Wie wäre es, wenn ihr etwas strickt? Vielleicht einen schönen Schal?

Erna: Oma strickt doch dauernd!

Mutter: Bert könnte einen Kuchen backen.

Bert: Nee! Das kannst du am besten!

Erna: Kommen eigentlich Gäste zu Opas Geburtstag?

Mutter: Nein – weißt du, Opa hat keine Lust. Die ganze Vorbereitung ist für ihn zu anstrengend.

Beide Kinder: *(sehen sich an)* Waaaaas??? Keine Party? Keine Gäste? *(Kinder tuscheln)*

Erna: Ich hab's!!! Wir machen eine Überraschungsparty für Opa!

Mutter: Wer? Wir?

Bert: *(grinst)* Unsere Klasse! *(Mutter schaut entsetzt)*

Erna: Unsere Klasse macht eine Geburtstagsshow! Du wirst schon sehen!

Mutter: *(schüttelt den Kopf)* Na, von mir aus. Ich geh dann mal und suche nach einem Kuchenrezept! *(sie geht von der Bühne ab) – Vorhang*

2. Szene: **Der Geburtstag** (5 Tage später)

Die Kinder singen und tanzen bereits, wenn der Vorhang sich öffnet. Alle freuen sich über die gute Partystimmung. Opa klatscht begeistert mit. Oma schaut kritisch, aber auch sie kommt langsam in Schwung.

Der Opa hat Geburtstag heut III/39–40

Text: B. K.; Melodie: mündlich überliefert

D A
Der O-pa hat Ge-burts-tag heut, wir wün-schen al-le Glück!
D A D
Da-rum sin-gen, tan-zen, spie-len wir ge-mein-sam in dem Stück.
G D A
Herz-li-chen Glück-wunsch, das Lied ist nur für dich! Komm,
D A D
lach mit uns, komm, klatsch mit uns, das hält dich jung und fit.

Szenisches Spiel umsetzen; musikalisch begleiten.

3. Szene: Die Rechenkünstler

Nach dem Lied und Applaus von Opa, Oma und Mutter verbeugen sich alle Kinder vor dem Geburtstagskind.

Bert: Lieber Opa! Dieses Jahr haben wir uns ein ganz besonderes Geschenk für dich ausgedacht.

Erna: Unsere Klasse macht für dich eine Geburtstagsshow!

Erna und Bert: (zusammen) Wir präsentieren als Erstes die Rechentruppe.

Rechenlied

III/41 – 42

Text und Melodie: Erich Ch. Wittmann

Einer C a G G Alle C
Eins und eins ist zwei. Da ist nichts da - bei.
Einer C a G G Alle C
Fünf und fünf ist zehn. Das kann je - der sehn.
Einer a e F Alle C
Zehn und zehn ist zwan - zig. Das merkt je - der - mann sich.
Einer F C G Alle C
Zehn mal zehn ist hun - dert. Dass ihr euch nicht wun - dert.
1
2
3
4
5
6
7
8
9
10

▸ Singende und darstellende Kinder achten auf deutliche Aussprache.

4. Szene: Die Schauspieltruppe

Bert: Und als Nächstes seht Ihr die Schauspieltruppe.

Text: Strophe 1+2: W. Hering,
B. Meyerholz,
ab Strophe 3: B. K.
Melodie: Wolfgang Hering,
Bernd Meyerholz

Komm, wir spielen heut Theater III/43 – 44

F C
1 Komm, wir spie-len heut The - a - ter. Komm, wir

F
spie-len heut The - a - ter. Komm, wir spie-len heut The - a - ter.

C F
Komm, spiel doch ein - fach mit. 1, 2, 3, so

C
kön-nen al - le spie - len, 4, 5, 6, im-mer wei - ter spie - len,

F C F
7, 8, 9, je-der kann so spie- len, 10, spiel doch ein-fach mit.

2 Komm, wir spielen heute Cowboy, 3-mal
komm, reit doch einfach mit.
1, 2, 3, so können alle reiten,
4, 5, 6, immer weiter reiten,
7, 8, 9, jeder kann so reiten,
10, reit doch einfach mit.

3 Komm, wir sind ’ne Ballerina, 3-mal
komm, tanz doch einfach mit.
1, 2, 3, so können alle tanzen ...

4 Komm, wir spielen heut Vampire, 3-mal
komm, spiel doch einfach mit.
1, 2, 3, so können alle spielen, ...

▶ Zur jeweiligen Rolle nehmen die Theaterkinder die entsprechende Haltung, den Gesichtsausdruck und den Gang ein; sie flanieren als Gruppen oder Paare vorbei; Liedtexte passen sich den Verkleidungen und Rollen an.

So geht's: S. 61

5. Szene: **Die Fitness-Tänzer**

Erna: So, Opa, und jetzt was zum Mitmachen auf Deutsch und Türkisch.

Stampf mit deinen Füßen / Ayaklarınla yere vur

III/45–46

Text/Melodie: Holger E. Buhr

1
Schüt-tel dei-ne Ar - me, schüt-tel dei-ne Bei - ne,
Koll - a - rı - nı - sal - la, ba - ca - kla-rı - nı sal - la,
schüt-tel dei-nen Kopf und spring ganz hoch.
baş - ı - nı sal - la ve ha-va-ya zıp - la!
Klatsch, klatsch in die Hän - de, dreh dich um, klatsch in die Hän - de.
Çirp, çirp el-le - ri - ni, dön bir kere çirp elle-ri - ni!

2 Zeig auf deine Ohren,
zeig auf deine Augen,
zeig auf deinen Mund
und schrei ganz laut: Whoow!
Stampf, stampf mit den Füßen,
dreh dich um,
stampf mit den Füßen!

Opa: *(hat versucht hochzuspringen, fällt schwankend in seinen Sessel)*
Das macht richtig Spaß! *(pustet)* Wie heißt das?

Mutter: Fitness-Tanzen! *(sie fächelt Opa Luft zu)* So, ich denke, es reicht für Opa.
Jetzt gibt es Geburtstagskuchen und einen starken Kaffee –
und ordentlich Brause für die durstigen Künstler.
Einen großen Applaus zum Abschluss für die Klasse von Erna und Bert!
(Applaus – alle kommen nach vorne und verbeugen sich)

▸ Andere Lieder und Vorführungen können in das Singspiel integriert werden.

Wer weiß Bescheid?

Musikalische

Suche dir eine oder mehrere Aufgaben aus, die du bearbeiten willst. Du kannst die Aufgabe auch mit anderen zusammen lösen.

Wenn ihr fertig seid, könnt ihr der Klasse zeigen, was ihr gemacht habt.

Male ein Musikinstrument.
Man muss es gut erkennen können.
Zeige, wie es gespielt wird.
Schreibe eine Geschichte, die mit Klängen begleitet werden kann. Lies die Geschichte vor. Die anderen Kinder spielen dazu die Klänge.
Suche ein Musikstück aus diesem Buch und übe einen kleinen Tanz dazu ein. Zeige den anderen Kinder den Tanz. Nun können alle mittanzen.

Ideenkisten

Lies auf Seite 83 den Text
über den Komponisten Leopold Mozart.
Erzähle den anderen Kindern,
was du gelesen hast.
L. MOZART
Spiele eine Musik auf einem Instrument,
das du gerne spielst.
Übe dein Musikstück so lange,
bis es dir gut gefällt.
Spiele es den anderen Kindern vor.
Singe ein Lied, das du gerne magst.
Übe, es zu singen,
bis auch der Text sicher ist.
Singe es den anderen Kindern vor.
Sieben Indianer Kinder

▶ Im Lehrermaterial befinden sich zahlreiche weitere Aufgabeninhalte.

Wichtige Fachwörter

		Seite
Bordun	eine gleichbleibende Begleitung in tiefer Tonlage	→ 22, 79
Chor	viele Personen, die gemeinsam singen; ein Chorleiter dirigiert den Chor	→ 84
crescendo	die Lautstärke nimmt zu	→ 44
decrescendo	die Lautstärke nimmt ab	→ 44
Dirigent	leitet ein Orchester oder einen Chor	→ 28, 52
Grundschlag	gleichmäßiger, durchlaufender Schlag in der Musik, auf den sich alle anderen Instrumente beziehen	→ 60, 82
Instrumental-stimmen	das, was jedes Instrument zu spielen hat	→ 56 ff.
Instrumente-gruppen	Blasinstrumente, Schlaginstrumente, Streichinstrumente, Tasteninstrumente, Zupfinstrumente	→ 11, 36
Kanon	ein Lied, das man mehrstimmig singen kann, wenn man mit mehreren Gruppen in bestimmten Abständen hintereinander einsetzt	→ 22
Klangfarbe	sie beschreibt einen Klang	→ 51
Klangmusik	eine komponierte Musik aus Klängen, Klangsilben und Klangwörtern	→ 63
Klangsilben	Silben, die keinen Inhalt haben, sondern wie Töne klingen	→ 37
Klangwörter	Wörter für Geräusche, die besonders ausdrucksstark gesprochen werden	→ 47

		Seite
Klangzeichen	einem Klang ein Zeichen geben	→ 18, 48
Komponist	jemand, der sich Musik ausdenkt und aufschreibt	→ 77, 83
Lautstärken	Bezeichnung für Lautstärken: piano (*p*) – leise, mezzoforte (*mf*) – mittellaut, forte (*f*) – laut	→ 28, 52
Lied	eine Melodie mit Text	→ 29
Melodie	eine Tonfolge	→ 13, 44, 49
Motiv	charakteristische Folge von Tönen	→ 56
Refrain	siehe Strophe	
Rondo	ein Teil der Musik taucht regelmäßig wieder auf, die Teile dazwischen sind verschieden: A – B – A – C – A – D – A – E – A – F – A ...	→ 11, 18
Rhythmus	eine gewollte Folge verschiedener Tonlängen	→ 16, 43, 45
Rhythmussprache	rhythmisch gesprochene Wörter oder Klangsilben zum Erlernen eines Rhythmus	→ 41, 43
Solo	ein Sänger singt allein vor der Gruppe, oder jemand musiziert mit einem Instrument allein	→ 56

Wichtige Fachwörter

		Seite
Sonate/Satz	Instrumentalstück für ein Soloinstrument oder mehrere Instrumente, das aus drei oder vier Sätzen besteht	→ 77
Sprechgesang	rhythmisches Sprechen mit ausdrucksstarker Stimmgebung	→ 17
Stabspiel/ Glockenspiel	ein Musikinstrument mit Klangstäben, auf denen gespielt wird	→ 48 f., 80
Stabspiel-begleitung	eine Liedbegleitung für Stabspiele	→ 70f.
Strophe / Refrain	Liedteile: in den Strophen wechseln die Texte, im Refrain üblicherweise nicht	→ 13, 62, 72, 80
Tempo	Geschwindigkeit, in der die Musik spielt, reicht von sehr langsam bis sehr schnell	→ 82
Wechsel-schlag	Schlagtechnik für das Stabspiel: in jeder Hand einen Schlägel, zwei Töne entweder im Wechsel ...	
Zusammen-schlag	... oder zusammen anschlagen	→ 70

Quellenverzeichnis

Copyright

T = Text Tü = Textübertragung M = Melodie

11 EY DJ, Autoren: Hanno Graf / Omar Roemer Duque / Lars Barragan De Luyz / Matthäus Jaschik / John Marigiba Lwanga / Osman Fernando Perdomo / Sebastian Karhoff / Simon Müller-Lerch, © 2007 by EMI Music Publishing Germany GmbH/Styleheads Ges. Für Entertainment mbH adm. by EMI Music Publ Germany GmbH
15 M: Bildungshaus Schulbuchverlage Westermann Schroedel Diesterweg Schöningh Winklers GmbH; T: BK
15 MusicVision GmbH, Küsnacht
16 T: Anja Schuchhardt; Tü: Bildungshaus Schulbuchverlage Westermann Schroedel Diesterweg Schöningh Winklers GmbH
18 Ulrike Meyerholz
23 Wolfgang Hering
24 Beate Lambert
28 M: Cornelsen Verlag GmbH, Berlin; T: James Krüss
30 2006, Oetinger Verlag, Hamburg, Leo Lionni
34 Edizioni Musicali Camaleonte / Musikverlag Bernhard Mikulski, Frankfurt a. M.
37 T: Anja Schuchhardt; Tü: Bildungshaus Schulbuchverlage Westermann Schroedel Diesterweg Schöningh Winklers GmbH
38 Werner Beidinger
40 Aktive Musik Verlagsgesellschaft mbH, Dortmund
42 Aktive Musik Verlagsgesellschaft mbH, Dortmund
43 Ulrike Meyerholz
44 M: Christine Gauster; T: Mira Lobe, Ernst A. Ekker
46 Tü: Bildungshaus Schulbuchverlage Westermann Schroedel Diesterweg Schöningh Winklers GmbH
47 Aktive Musik Verlagsgesellschaft mbH, Dortmund
48, 49 Margrit Küntzel-Hansen
50, 51 © 1997, Bertelsmann Verlag, München, Dr. Seuss
52 Moon-Records-Verlag, Düsseldorf
53 Aktive Musik Verlagsgesellschaft mbH, Dortmund
62 T: D. Jöcker © Menschenkinderverlag, Münster; mit freundlicher Genehmigung Nordsüd Verlag AG, CH
64, 65 T und M: Michael Frielinghaus © 1995 Hit Pick Music von der CD „Kinder-Hits", erschienen bei Edition Wunderwolke; Tü: Bildungshaus Schulbuchverlage Westermann Schroedel Diesterweg Schöningh Winklers GmbH
66, 67 Hit Pick Music (Edition Wunderwolke), Eurasburg
69 Ulrike Meyerholz
70 Fidula Verlag, Boppard/Rhein
71 © 1997, Patmos Verlag, Düsseldorf, Rosemarie Künzler-Behnke
72, 73 MUSIK FÜR DICH Rolf Zuckowski OHG (Sikorski Musikverlage), Hamburg
76 M: Studio Neumann, Berlin; T: Rechte beim Urheber
77 Ulrike Meyerholz
78 © by MILS MUSIC INC/DELAWARE MUSIC CORP. Chappel & Co. GmbH & Co. KG, Hamburg
80, 81 Moon-Records-Verlag, Düsseldorf
86 T: Bildungshaus Schulbuchverlage Westermann Schroedel Diesterweg Schöningh Winklers GmbH
87 Friedrich Verlag GmgH, Seelze
88 Fidula Verlag, Boppard am Rhein
89 Terzio Möllers & Bellinghausen GmbH, München

Bildquellen

Coenen, Sebastian 6 - 13, 37
Kania, Silvia 26 - 27, 64 - 65, 80 (o.) - 81
Krautmann, Milada 18 (ml., u.), 20 - 21, 42 - 43, 48 - 49, 52
Kreimeyer-Visse, Marion 34 (o., ml., u. 1+2), 36, 38 - 39, 44, 56 - 59, 68 (li.), 70 - 71, 73, 78 (o.), 79, 82 (u.), 83 (o.), 92, 93 (u.), 94, 96, U3
Rauschenbach, Anke U2, 1 - 5, 14 - 17, 18 (o.), 19, 28 - 29, 32 - 33, 34 (u.), 35, 51, 53 - 55, 60 - 62, 66 - 67, 84 - 91
Rosenberg, Katja 3, 22 - 25, 40 - 41, 45 - 47, 68 (o.) - 69, 72, 74 - 78 (u.), 80 (mi., u.), 83 (u.), 93 (mi.)

|**bildagentur-online GmbH**, Burgkunstadt: TIPS-Images 63.3. |**Fotografie Dominik Asbach**, Duisburg: 82.1. |**fotolia.com**, New York: Martina Berg 79.1. |**iStockphoto.com**, Calgary: Kim Bunker 63.2. |**National Museum of the American Indian**, Washington: Charlotte Heth: Native American Dance ceremonies and social traditions 44. |**Picture-Alliance GmbH**, Frankfurt/M.: Franco Banfi/WaterFrame 63.1. |**Verlag Friedrich Oetinger GmbH**, Hamburg: Leo Lionni, Das kleine Blau und das kleine Gelb 30.1, 30.2, 30.3, 30.4, 30.6, 31.10, 31.11, 31.12, 31.7, 31.8. |**Verlagsgruppe Random House GmbH**, München: © Dr. Seuss, 1996, Jeder Tag hat eine Farbe 50, 50.

Wir arbeiten sehr sorgfältig daran, für alle verwendeten Abbildungen die Rechteinhaberinnen und Rechteinhaber zu ermitteln. Sollte uns dies im Einzelfall nicht vollständig gelungen sein, werden berechtigte Ansprüche selbstverständlich im Rahmen der üblichen Vereinbarungen abgegolten.

Orff-Instrumente

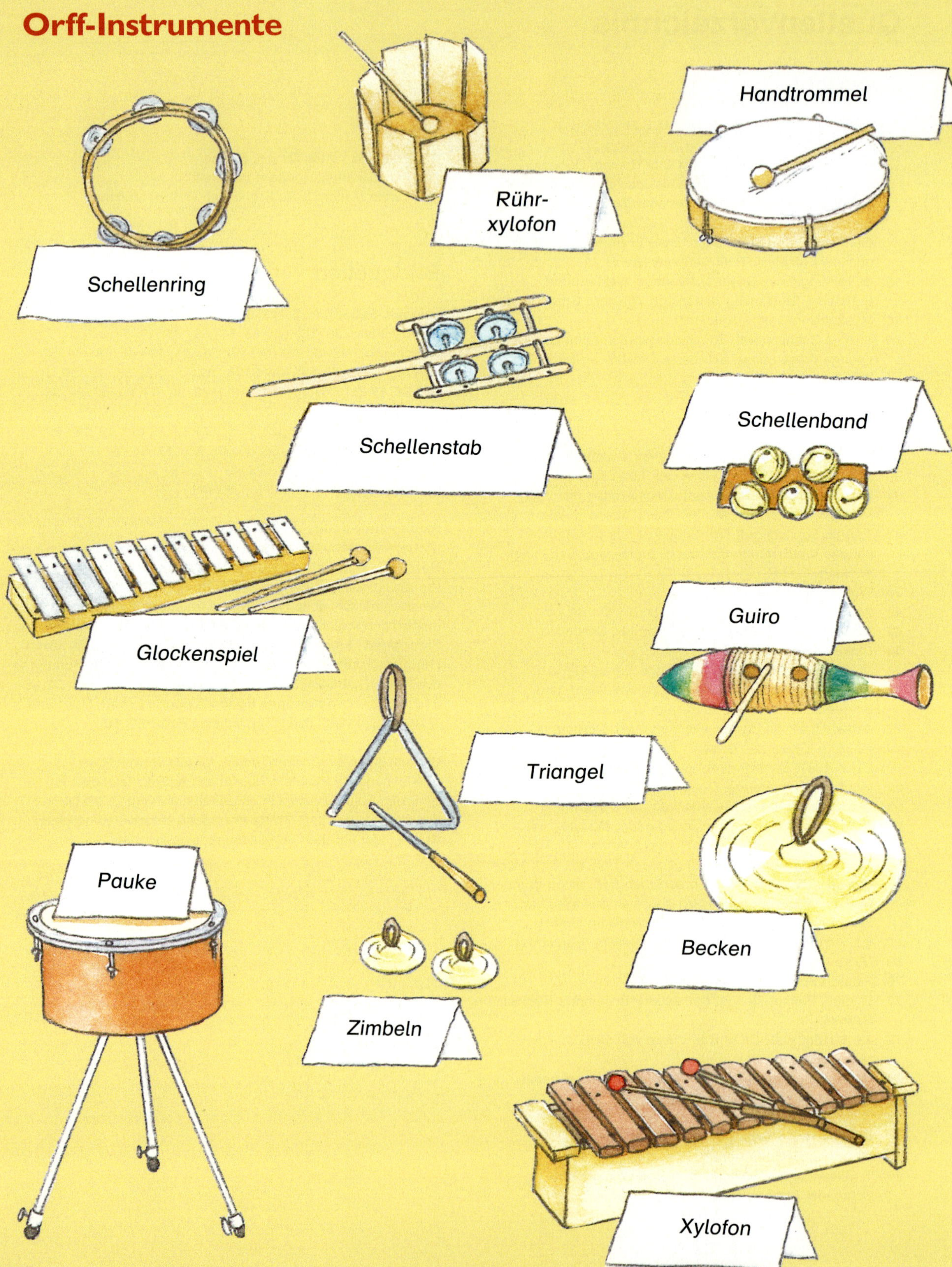

Rühr-
xylofon
Handtrommel
Schellenring
Schellenstab
Schellenband
Glockenspiel
Guiro
Triangel
Pauke
Becken
Zimbeln
Xylofon